Lossau · Wenn Computer denken lernen

Norbert Lossau

—— Wenn Computer denken lernen ——
———————— NEURONALE NETZWERKE ————————

Ullstein

Die Informationen in diesem Buch werden ohne Rücksicht auf einen eventuellen Patentschutz veröffentlicht. Warennamen werden ohne Gewährleistung der freien Verwendbarkeit benutzt.
Bei der Zusammenstellung von Text und Abbildungen wurde mit größter Sorgfalt vorgegangen; trotzdem können Fehler nicht vollständig ausgeschlossen werden. Autor und Verlag übernehmen keinerlei Haftung.

Gedruckt auf Papier mit chlorfrei gebleichtem Zellstoff

Die Deutsche Bibliothek – CIP-Einheitsaufnahme
Lossau, Norbert:
Wenn Computer denken lernen: neuronale Netzwerke /
Norbert Lossau. – Frankfurt/M; Berlin: Ullstein, 1992
ISBN 3-550-06802-6

© 1992 by Verlag Ullstein GmbH, Frankfurt/M. · Berlin
Alle Rechte vorbehalten
Satz: Utesch Satztechnik, Hamburg
Druck und Binden: Wiener Verlag, Himberg
Printed in Austria 1992
ISBN 3 550 06802 6

Inhalt

Danksagung

Die Darstellungen in diesem Buch basieren auf einer Vielzahl von Gesprächen, die ich mit Wissenschaftlern über neuronale Netzwerke geführt habe. Ohne deren Bereitschaft, mich über Ziele und Resultate ihrer Forschungsarbeiten geduldig zu informieren, wäre die Realisierung dieses Buches nicht denkbar gewesen. Mein besonderer Dank gilt den folgenden Wissenschaftlern, die für ein persönliches Gespräch Zeit fanden: Bernard Angeniol (Mimetics, Paris); Hans-Werner Bothe (INI, Hannover); Leon Cooper (Nestor, Providence); Gérard Dreyfus (Institut de physique et de chimie, Paris); Rolf Eckmiller (Universität Düsseldorf); Lee Giles (NEC, Princeton); Karl Goser (Universität Dortmund); Stan Grillner (Karolinska Institut, Stockholm); Robert Hecht-Nielsen (HNC, San Diego); John Hopfield (Caltech, Pasadena); Hans Jonas (Philosoph, New Rochelle); Christof Koch (Caltech, Pasadena); Christoph von der Malsburg (Universität Bochum); Marvin Minsky (MIT, Boston); Heinz Mühlenbein (GMD, Sankt Augustin); Günther Palm (Universität Ulm); Steffen Petersen (Universität Trondheim); Ulrich Ramacher (Siemens, München); Dave Sandler (Thermo Electrons, San Diego); Eberhard Schöneburg (Expert Informatik, Berlin); Werner von Seelen (Universität Bochum); Terrence Sejnowski (Salk Institute, San Diego); Jacques Simon (Institut de physique et de chimie, Paris); Josef Weizenbaum (MIT, Boston); Lotfi Zadeh (University of California, Berkeley); Hans Georg Zimmermann (Siemens, München).

Bei der Bearbeitung des Manuskripts waren mir freundlicherweise Dr. Frauke Thiel und Dr. Ingrid Giel behilflich. Nicht zuletzt gilt mein Dank Karin Weingart vom Verlag Ullstein, die mich als Lektorin hervorragend unterstützt hat.

Vom Fliegenhirn zum Neuro-Computer
Eine Einführung

Die freundliche Stimme einer Maschine gibt uns Auskunft über eine gesuchte Telefonnummer, ein wendiger Miniroboter erledigt zuverlässig und schnell alle Hausarbeiten, von draußen dringt dank einer Antischall-Elektronik kein Straßenlärm in die Wohnung, wendige Kleinhubschrauber transportieren uns automatisch an jedes gewünschte Ziel, eine Schaltung in der Armbanduhr wacht ständig über Körpertemperatur und Blutdruck und warnt uns bei verdächtigen Abweichungen, Querschnittsgelähmte, Blinde und Taube können dank künstlicher Nervenverschaltungen wieder laufen, sehen und hören.

Ist das alles nur Science-fiction? Keineswegs. An der Verwirklichung dieser Technologien wird bereits heute in vielen Labors intensiv gearbeitet. Und der Schlüssel, mit dem das Tor zu all diesen sehr verschiedenen Anwendungen geöffnet werden kann, heißt »neuronale Netze«.

Als neuronale Netze werden technische Systeme bezeichnet, die bestimmte Funktionsmechanismen biologischer Gehirne nachzuahmen versuchen. Von solchen »intelligenten« Maschinen erhoffen sich die Wissenschaftler Fähigkeiten, wie sie bislang nur von Lebewesen vollbracht werden.

Denken wir beispielsweise einmal an das winzige Nervensystem einer Fliege, das aus »nur« rund einer halben Million Neuronen (Nervenzellen) aufgebaut ist und das Insekt in die Lage versetzt, Flugbahnen mit großer Geschwindigkeit so zu wählen, daß Zusammenstöße mit anderen Fliegen oder Gegenständen vermieden werden. Hindernissen weichen sie dabei blitzschnell aus, und auch in dem scheinbar wirren und hektischen Gewimmel eines unter einer Lampe kreisenden Fliegenschwarms kommt es praktisch nie zu einer Kollision. Wenn wir dann vielleicht noch beobachten, wie eine

Fliege mit einem eleganten Turn-over an einer Decke landet, darf man schon ein wenig staunen, zu welchen Steuerleistungen so ein kleines Insekt fähig ist, das ja nicht einmal über das sprichwörtliche Spatzenhirn verfügt.

Gelänge es, die Mechanismen der Datenverarbeitung in einem Fliegen»hirn« zu durchschauen und dann in technische Systeme (zum Beispiel ein Mikrochip) zu übertragen – Schwärme von »intelligenten« Helikoptern könnten sich ohne Zusammenstöße durch den Luftraum bewegen.

Oder was passiert etwa in unseren Köpfen, wenn wir etwas lernen, uns erinnern, ein Wort verstehen oder einen fremdsprachigen Text übersetzen? Es ist mehr als rein wissenschaftliches Interesse, wenn Forscher diesen Fragen nachgehen. Auch hier würde durch ein Verständnis der Vorgänge, die sich dabei im Netzwerk der Nervenzellen abspielen, der Grundstein zu außerordentlich verlockenden technologischen Anwendungen gelegt. Die Bedeutung einer Maschine, die gesprochene Sprache verstehen und simultan in eine andere Sprache übersetzen könnte, ist zweifelsohne gewaltig. In Japan wird bereits an einem entsprechenden Projekt gearbeitet.

Neuroinformatiker nennen sich jene Forscher, die Konzepte neuronaler Datenverarbeitung in Chips und Software übertragen möchten. Weltweit erlebt die noch recht junge und sehr fachübergreifend ausgerichtete Disziplin der Neuroinformatik einen phänomenalen Boom. Rund zehntausend Wissenschaftler – Neurobiologen, Physiker, Mathematiker, Informatiker und Ingenieure – sind rund um den Globus damit befaßt, neuronale Netze und Neuro-Computer zu entwickeln und leisten so ihren Beitrag zu einer sich abzeichnenden technologischen Revolution.

Schon heute besitzen die von ihnen konstruierten neuronalen Netzwerke Leistungsmerkmale, wie sie für biologische Hirne typisch sind. Sie können lernen, sich auch bei fehlerhafter oder unvollständiger Datenlage an Gelerntes »erinnern«, Zusammenhänge assoziativ herstellen, Handschriften lesen oder Geräusche identifizieren. In der Praxis werden diese cleveren neuronalen Netze bereits bei vielen

Aufgaben eingesetzt. Das Anwendungsspektrum reicht von Sprengstoffdetektoren an Flughäfen über das Erkennen von Krebszellen bis hin zur Bonitätsprüfung von Bankkunden oder der Ortung von U-Booten.

Der Konstruktion »intelligenter« Maschinen mit Hilfe neuronaler Netze liegt ein völlig anderes Konzept zugrunde als der sogenannten KI-Forschung. Der Begriff KI (für künstliche Intelligenz) macht bereits seit vielen Jahren die Runde. Mit raffinierter Software und leistungsfähigen Computern wird unter dem Label KI versucht, Maschinen die zur Lösung komplexer Probleme notwendige »Intelligenz« einzuhauchen. Auch wenn derartige Systeme beispielsweise hervorragend Schach spielen können, so verdienen sie dennoch, verglichen mit einem Hirn, eher das Prädikat »dumm« denn »intelligent«. Oder ist es etwa intelligent, mit atemberaubender Geschwindigkeit Abertausende von Zugkombinationen auszuprobieren, um so zu ermitteln, ob ein Schachzug günstig ist?

Dieses Beispiel verdeutlicht bereits einen grundsätzlichen Unterschied zwischen heutigen Computersystemen und biologischen Hirnen. Und auch bei vielen Aufgaben, die von einem menschlichen Gehirn scheinbar mühelos bewältigt werden – vom Verstehen gesprochener Worte bis zum augenblicklichen Erkennen eines Gesichtes – müssen auch die »schlausten« Computer passen.

Viele Wissenschaftler sind heute der Ansicht, daß die Schwierigkeiten bei der Realisierung von sogenannten intelligenten Funktionen mit herkömmlichen, software-getriebenen Computern buchstäblich vorprogrammiert sind. Die schrittweise Ausführung von Computerbefehlen durch einen Mikroprozessor ist zwar bestens für die Bearbeitung riesiger Datenmengen nach festen Regeln geeignet. Bei vielen anderen Problemen sind Computer aber einem Gehirn hoffnungslos unterlegen. Die massiv parallele Verarbeitung von Informationen durch ein Netzwerk aus Gehirnzellen erschließt offensichtlich eine ganz andere Qualität der »Datenverarbeitung«.

Bis heute wissen die Hirnforscher insgesamt immer noch recht wenig über die Funktionsmechanismen von Hirnen. Doch mit immer raffinierteren Meßmethoden versuchen sie, dem Denkorgan seine

Geheimnisse zu entlocken. Und, so will es scheinen, mit wachsendem Erfolg. Vor wenigen Jahren ist es gar gelungen, erste Anhaltspunkte dafür zu gewinnen, wie Bewußtseinsvorgänge vonstatten gehen.

Die Mechanismen des Gehirns zu ergründen ist an sich schon ein spannendes und ehrgeiziges Forschungsziel. Die prinzipielle Möglichkeit, das dabei gewonnene Wissen auf technische Systeme, sogenannte neuronale Netzwerke, zu übertragen, gibt dem Ganzen noch eine weitere Dimension. Wird das Gehirn zur Konzeptquelle für wirklich intelligente Maschinen und dadurch das Tor zu einem neuen Zeitalter der Informationsverarbeitung aufgestoßen?

Erste Chips, die das Zusammenspiel von Nervenzellen mit Hilfe von Silizium-Schaltkreisen nachzuahmen versuchen, stehen bereits auf der Lieferliste einiger Elektronik-Unternehmen. Auch wenn diese ersten durch biologische Neuronen-Netzwerke inspirierten Chips nach recht simplen Regeln arbeiten und schwerlich für sich in Anspruch nehmen können, tatsächlich ein Abbild im Gehirn ablaufender Prozesse zu sein, so sind sie dennoch schon zu beachtlichen Leistungen fähig.

Die in einer neuronalen Technologie steckenden Möglichkeiten hat man in den meisten Industrieländern erkannt. In Deutschland hat das Forschungsministerium im Jahre 1988 die Förderung des Projektes »Informationsverarbeitung in neuronaler Architektur« begonnen, in dem Wissenschaftler verschiedener Universitäten zu einem Forschungsverbund zusammengeschlossen und so die Aktivitäten in diesem Bereich gebündelt wurden. Kaum ein Forscher, der sich mit neuronalen Netzwerken beschäftigt, muß derzeit fürchten, keine Forschungsgelder zu erhalten.

Rund um den Globus wird praktisch in allen großen Elektronikkonzernen an der Entwicklung von neuronalen Netzwerken gebastelt. Es werden spezielle Neuro-Chips entwickelt und in einsatzfähige Systeme eingebaut. In den USA sind auch eine Reihe kleiner, innovativer »Neuro-Computerfirmen« entstanden, die Neuro-Technologie vermarkten – teilweise bereits mit europäischen Niederlassungen.

Ist der gegenwärtige Boom der neuronalen Netze nur ein Modetrend, oder stehen wir am Anfang einer technologischen Revolution – einer »neuronalen Revolution«? Viele Forscher sind davon überzeugt, daß im kommenden Jahrtausend neuronale Netze eine Schlüsselrolle spielen werden. Maschinen nach dem Vorbild des Gehirns werden Dinge tun, die bislang dem Menschen vorbehalten waren. Und Netzwerk-Optimisten gehen derweil davon aus, daß die Computerindustrie im Jahr 2000 bereits bis zu zehn Prozent ihres Umsatzes mit Neuro-Netz-Produkten erwirtschaften könnte.

Die Konstruktion technischer neuronaler Netzwerke könnte auch dem besseren Verständnis biologischer Nervensysteme dienlich sein. So wurde etwa von amerikanischen Wissenschaftlern eine der Augenretina nachempfundene »neuronale Silizium-Netzhaut« in Gestalt eines Mikrochips konstruiert. Dieses System kommt seinem biologischen Vorbild so nahe, daß es sogar optischen Täuschungen unterliegt. Mithin scheinen Rückschlüsse auf die Vorgänge in unseren Augen bei der Wahrnehmung von Täuschungen möglich zu sein. Auch die Psychologie könnte aus der modernen Neuro-Netzwerk-Forschung wichtige Impulse erhalten. Mangelte es dieser Disziplin bislang an mikroskopischen Theorien über die das Verhalten eines Menschen bestimmenden »neuronalen Prozesse«, so scheint sich nun ein neuer Ansatzpunkt herauszukristallisieren, der die Psychologie mit ihrer heute noch stark geisteswissenschaftlichen Orientierung stärker auf ein naturwissenschaftliches Fundament stellen könnte.

Überhaupt könnte sich die Erforschung sowohl biologischer als auch technischer neuronaler Netzwerke zu einem gemeinsamen Brennpunkt von Natur- und Geisteswissenschaften entwickeln. Ist es nicht das gleiche menschliche Gehirn, dessen komplexe Verarbeitungsmechanismen sowohl das Schreiben eines Gedichts als auch die Entwicklung einer mathematischen Theorie erlauben?

Wer prinzipiell an die wissenschaftliche Beschreibbarkeit von Gehirnvorgängen glaubt, darf hier in den kommenden Jahrzehnten spannende, vielleicht bis in den Kern des Menschseins treffende Erkenntnisse erwarten.

Und wenn es grundsätzlich möglich sein sollte, die Funktionsmechanismen eines Gehirns zu durchschauen, wäre es dann nicht auch möglich, analoge Mechanismen durch technische Systeme zu realisieren? Wird es eines Tages also denkende Maschinen nach dem Vorbild des Gehirns geben?

Wahrscheinlich wird diese Vision nicht in überschaubaren Zeiträumen Wirklichkeit werden. Doch auch wenn denkende Maschinen nach wie vor in den Bereich der Science-fiction gehören, drängt uns schon heute die sich dynamisch entwickelnde Neuro-Forschung die Frage nach dem menschlichen Selbstverständnis mit neuer Radikalität auf. Wenn es grundsätzlich irgendwann einmal denkende Maschinen geben kann, was würde dies denn für die Gattung Homo sapiens bedeuten? Da ist noch sehr viel Raum zum Philosophieren.

Wundermaschine Gehirn

Denken, fühlen, lernen, erinnern, träumen – alle diese wunderbaren Fähigkeiten schreiben wir jenem etwa anderthalb Kilogramm schweren Organ zu, das wir Gehirn nennen. Aufgebaut aus einem Netzwerk von mehr als 100 Milliarden Nervenzellen, handelt es sich dabei um eines der komplexesten Gebilde des Universums.

Das äußere Erscheinungsbild des menschlichen Gehirns wird gerne mit einem Blumenkohl verglichen. Die sichtbare Oberfläche des Blumenkohls steht dabei für das sogenannte Großhirn (Cerebrum), und den Stengel des Kohlkopfes könnte man sich als die Verbindungsstelle zum Rückenmark vorstellen. Gehirn und Rückenmark werden zusammen als zentrales Nervensystem bezeichnet.

Am hinteren Teil des Blumenkohls muß man sich neben dem Stengel noch zwei fast kugelförmige Hirnabschnitte vorstellen, die als Kleinhirn (Cerebellum) bezeichnet werden. Unter der Großhirnrinde befindet sich tief im Inneren des Blumenkohls noch eine ganze Reihe weiterer, zum Teil sehr kompliziert aussehende Gehirnteile, für die meist nur noch lateinische Fachausdrücke existieren: Hippocampus, Thalamus, Hypothalamus, Medulla oblongata, Corpus callosum, und so weiter.

Die in zahlreichen Windungen liegende Großhirnrinde ist ein zwei Millimeter dicker »Teppich« aus Neuronen, der flach ausgerollt die Fläche eines großen Doppelbettes (vier Quadratmeter) ergeben würde. Jeder Kubikmillimeter dieser Großhirnrinde enthält rund 40 000 der »kleinen grauen Zellen«, die mit sechs Kilometern »Kabel« untereinander verbunden sind. In den »Kabelschächten« des Gehirns befindet sich die sogenannte weiße Gehirnsubstanz, die den größten Teil des Gehirns ausmacht. Hier sind die zwischen den einzelnen Nervenzellen existierenden Verbindungsleitungen verlegt.

In der »grauen Gehirnsubstanz« liegen die Zellkörper mit den Zellkernen. Sie befindet sich hauptsächlich an der stark gefurchten und gefalteten Oberfläche des »Blumenkohls« sowie an vereinzelten Bereichen im Inneren des Gehirns.

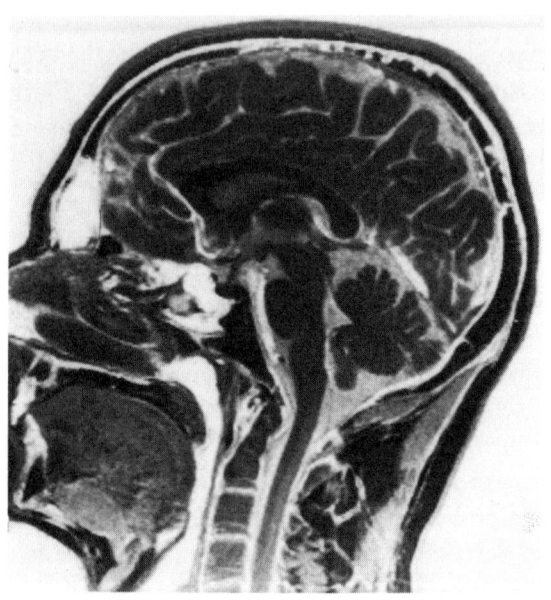

Abb. 1: Das Gehirn als »Blumenkohl«: Auf diesem mit Hilfe eines modernen Kernspintomo-graphie-Geräts gewonnenen Schnittbild eines menschlichen Gehirns sind deutlich die Windungen des Großhirns, der Hirnstamm und das Kleinhirn (unten rechts) zu erkennen.

Von den verschiedenen Gehirnarealen hat die Evolution das Großhirn zuletzt hervorgebracht. Untersuchungen zeigen: Je größer bei einer Tiergattung das Gewicht des Großhirns im Vergleich zum Körpergewicht ist, desto »intelligenter« sind die betreffenden Lebewesen. Bei diesem Gewichtsvergleich belegt der Mensch unstreitig den ersten Platz. Die Vermutung liegt daher nahe, daß für alle höheren Leistungen des Gehirns das Großhirn verantwortlich ist.

Es besteht aus einer linken und einer rechten Hälfte, die über einen balkenförmigen Nervenstrang (das sogenannte Corpus callosum) miteinander verbunden sind. Die beiden Hirnhälften sind, wie man inzwischen entschlüsseln konnte, für unterschiedliche Aufgabenbereiche zuständig: die linke Großhirnhemisphäre eher für das analytisch-logische Denken und die rechte für mehr ganzheitliche Verarbeitungsprozesse.

Obwohl die Hirnforscher – Anatomen, Physiologen und Neurobiologen – inzwischen eine ganze Menge über Aufbau, Verschaltung und Funktionsabläufe des Nervenzellengeflechts in Erfahrung bringen konnten, ist die Wissenschaft immer noch sehr weit davon entfernt, ein Gehirn wirklich zu durchschauen.

Der Beginn der modernen Hirnforschung läßt sich auf das Jahr 1875 datieren, als es dem italienischen Histologen und Neuroanatomen Camillo Golgi erstmals gelang, mit einer von ihm entwickelten Silbersalz-Färbetechnik einzelne Nervenzellen (Neuronen) sichtbar zu machen. War zuvor durchaus noch die Lehrmeinung vertreten worden, daß das Gehirn aus einem kontinuierlichen Nervenfaserverbund bestünde, so war nun die Existenz abgegrenzter Bausteine des Gehirns, der Neuronen, bewiesen.

Unter dem Mikroskop gaben die schwarz-braun angefärbten Nervenzellen ihren anatomischen Aufbau preis.

Neuronen können von recht verschiedener Größe und Gestalt sein. So können sie beispielsweise stern- oder pyramidenförmig aussehen. Im menschlichen Gehirn lassen sich mehr als fünfzig verschiedene Neuronenarten unterscheiden.

Dennoch haben alle Neuronen grundsätzlich den gleichen Aufbau; sie besitzen alle einen Zellkörper (Soma), der eine Größe zwischen einem zehntel und einem hundertstel Millimeter aufweist. Von diesem Zellkörper, der den Zellkern enthält, geht eine zumeist langgestreckte Nervenfaser aus, die als Axon oder auch Neurit bezeichnet wird. Diese Nervenfasern besitzen einen Durchmesser von einigen Mikrometern (ein tausendstel Millimeter) und sind damit ungefähr 50mal kleiner als der Querschnitt eines menschlichen Haars. Die Länge des Axons kann dabei je nach Neuronentyp zwischen einem hundertstel Millimeter bis hin zu einem Meter betragen.

Am vom Zellkörper abgewandten Ende des Axons verzweigt sich dieses in Hunderte Einzelfasern, die in Kontakt mit anderen Neuronen – oder etwa mit einer Muskelfaser – stehen. Des weiteren besitzt jede Nervenzelle Fasern, die sich zu einem wurzelähnlichen Geflecht verzweigen. Nach dem griechischen Wort für Baum werden diese Fasern Dendriten genannt. Sie fächern sich durchschnittlich in zehntausend Einzelfasern auf. Bei bestimmten

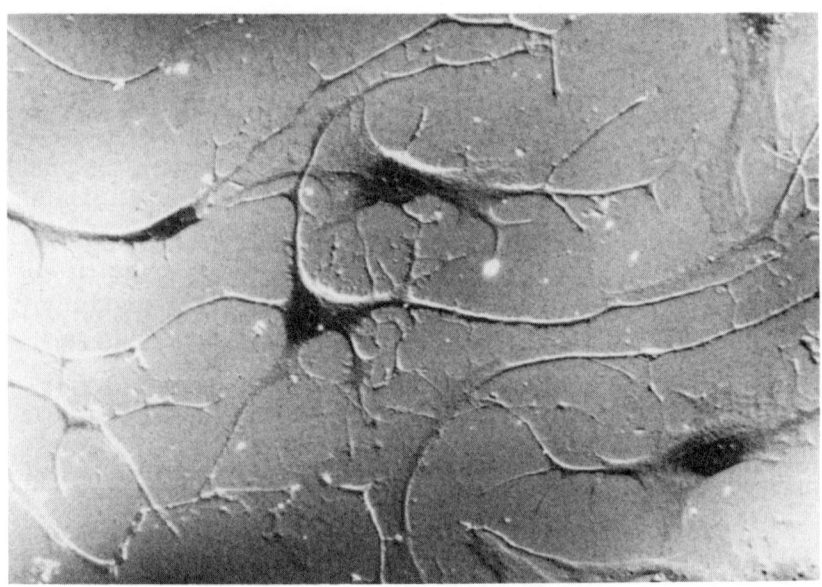

Abb. 2: Eine Nervenzelle unter dem Mikroskop: Hier werden die fein verästelten Fasern (Axon und Dendriten) sichtbar, mit denen das Neuron in Verbindung zu anderen Nervenzellen steht.

Zellen können es sogar bis zu hunderttausend Dendritenfasern sein. Über diese Fortsätze steht eine Nervenzelle in Kontakt mit anderen Neuronen oder Sinnesorganen (Netzhaut, Innenohr).

Kann man angesichts einer solch komplexen Vernetzung von Nervenzellen überhaupt ein Neuron von seinen Nachbarzellen abgrenzen und bestimmen, wo eine Zelle aufhört und die nächste anfängt? Ja, man kann, und zwar, weil an den Verbindungsstellen zwischen den Nervenzellen, wo ein Axonfortsatz des einen Neurons auf eine Dendritenverästelung eines anderen Neurons trifft, eine kleine Lücke existiert.

Entdeckt wurden diese winzigen, nur rund ein zehntausendstel Millimeter breiten Lücken im Jahr 1888 durch den spanischen Histologen und Neuroforscher Santiago Ramón y Cajal. Er hatte dazu die Silbersalz-Färbemethode seines Kollegen Golgi weiterentwickelt.

Die Kontaktstellen zwischen den Nervenzellen werden nach dem griechischen Wort »synapsis« (Verbindung) als Synapsen bezeichnet und die von Cajal entdeckte Lücke mithin als synaptischer Spalt. Im Jahre 1906 durften sich Golgi und Cajal für ihre Beiträge zur »Entdeckung des Neurons« den Nobelpreis für Medizin teilen.

Mußte Cajal bei seinen neuroanatomischen Untersuchungen am äußersten Rand des Auflösungsvermögens seines Lichtmikroskops operieren, so erlauben heute deutlich leistungsfähigere Mikroskope, insbesondere der Einsatz des 1931 entwickelten Elektronenmikroskops, geradezu phantastische Einblicke in die Welt der Neuronen und Synapsen.

Doch über die Funktionsmechanismen eines Gehirns verrät uns dessen genaue Anatomie immer noch recht wenig. Selbst über die Funktionsweise eines Fernsehempfängers, der unbestreitbar ein sehr viel simpleres Gerät darstellt, als es ein Gehirn ist, könnten wir schwerlich etwas in Erfahrung bringen, wenn wir lediglich die Verschaltung der einzelnen Bauelemente sorgfältig inspizieren und aufmalen würden.

Doch glücklicherweise haben sich die Hirnforscher nicht allein mit dem Aufbau des Gehirns befaßt. Wir kennen heute auch viele funktionelle Details von Nervensystemen. Diese Kenntnisse verdanken wir in erster Linie Versuchen, bei denen Meßelektroden in Neuronen gestochen werden. Über solche Experimente wird in der Literatur erstmals Mitte der vierziger Jahre berichtet.

Als besonders geeignetes Studienobjekt erwiesen sich hier die Axone von Tintenfischen, die mit einem Durchmesser von mehr als einem halben Millimeter den Größenrekord unter allen irdischen Lebewesen halten. Mit Hilfe von in lebendige Nervennetze einge-

brachter Elektroden konnte gezeigt werden, daß Neuronen untereinander elektrische Signale in Form von Spannungspulsen austauschen. Die elektrische Aktivität ganzer Gehirnbereiche läßt sich
über außen am Kopf angebrachte Elektroden registrieren (EEG).
Seit einigen Jahren ist es sogar möglich, die winzigen von den
Gehirnströmen erzeugten Magnetfelder mit Hilfe hochempfindli-
cher Sensoren zu messen (MEG).

Sticht man eine Elektrode in eine Nervenzelle, so kann man mit
Hilfe eines Spannungsmeßgerätes feststellen, daß das Innere der
Zelle – verglichen mit ihrer Umgebung – elektrisch negativ geladen
ist, und zwar normalerweise mit rund 70 Millivolt (70 tausendstel
Volt). Nervenzellen »arbeiten« also mit einer Spannung, die unge-
fähr einem Zwanzigstel jener 1,5 Volt entspricht, die eine normale
Standardbatterie besitzt.

Für die Entstehung dieser elektrischen Spannung sind komplizierte biochemische Prozesse verantwortlich, die sich an der das
Neuron einhüllenden Zellmembran abspielen. Dort werden von
molekular kleinen »Ionenpumpen« fortwährend positiv geladene
Natriumionen (Na^+) aus dem Inneren der Zelle nach außen trans-
portiert. Ansonsten ist die Zellmembran jedoch für Natriumionen
undurchlässig.

Durch die nach außen transportierten, elektrisch positiv geladenen Ionen entsteht im Inneren des Neurons ein Überschuß an negativ geladenen Ionen – unter anderem Chlorionen (Cl^-). Das Zellinnere ist somit negativ aufgeladen. Die Wissenschaftler sprechen
dann davon, daß die Zelle ein negatives elektrisches Potential
besitzt.

Sendet nun ein Neuron einen Spannungspuls, so ist dies gleichbe-
deutend mit einer örtlich begrenzten Verringerung des negativen
elektrischen Potentials im Inneren der Zelle. Überschreitet es dabei
einen Wert von −60 Millivolt, so kommt es zu einem raffinierten
Effekt, der erst die Leitung von elektrischen Signalen durch Nervenfasern ermöglicht: Die Zellmembran wird plötzlich für Natriumionen durchlässig, und die nach außen verbannten Ladungsträger strömen wieder schlagartig in das Innere der Zelle zurück.

Damit wird dort das elektrische Potential noch weiter verringert, so daß entlang des Axons auch ein Stückchen weiter der Grenzwert von −60 Millivolt überschritten wird. Damit können auch dort Natriumionen ins Innere der Zelle strömen, und so fort. Wie eine einmal angetippte Reihe von hintereinanderstehenden Dominosteinen stürzen bei der Weiterleitung eines Spannungspulses entlang einer Nervenfaser fortschreitend die positiv geladenen Natriumionen ins Zellinnere – ein komplexer Mechanismus, der sicherstellt, daß sich das Signal ständig auffrischt und auch nach längeren Übertragungswegen nicht schwächer wird.

Innerhalb von Millisekunden nach dem Vorbeihuschen eines solchen Nervenimpulses haben die Ionenpumpen wieder den Ruhespannungswert von −70 Millivolt hergestellt. Das Neuron steht zur Übertragung des nächsten Pulses bereit. Mit Hilfe dieses Mechanismus reisen dann die elektrischen Signale mit einer Geschwindigkeit von einigen zehn Stundenkilometern durch das Nervennetzwerk. Das ist recht gemächlich, wenn man es mit dem Tempo vergleicht, mit dem Computerchips ihre Daten untereinander austauschen.

Doch es gibt unter den Nervenwegen auch »Autobahnen«. Nervenfasern eines bestimmten Neuronentyps sind mit einer Hülle aus Myelin (Markscheide) umgeben. Diese elektrisch isolierende Myelinschicht ermöglicht den Spannungspulsen eine deutlich höhere Reisegeschwindigkeit: Mit mehr als 350 Stundenkilometern rasen die Spannungspulse auf den mit Myelin ummantelten Nervenfasern. Dies ist insbesondere bei der Übertragung von Signalen an Muskeln in den weit vom Rückenmark und Gehirn entfernten Gliedmaßen erforderlich – sonst wären sehr schnelle Bewegungsabläufe gar nicht möglich.

Damit sich bei diesen Fasern die Natriumionenwelle per »Dominoeffekt« ausbreiten kann, ist die Myelinhülle in regelmäßigen Abständen von etwa einem Millimeter durch sogenannte Ranviersche Schnürringe[1] unterbrochen. An diesen Stellen können sich die

---

[1] Benannt nach ihrem Entdecker, dem französischen Histologen Louis Ranvier, 1835–1922.

Natriumionen in die Zelle stürzen und den Leitungsmechanismus aufrechterhalten.

So schnell sich die elektrischen Signale entlang des Axons auch ausbreiten mögen, am synaptischen Spalt ist die Reise zunächst zu Ende. Diese Lücke zwischen zwei Neuronen kann von den elektrischen Pulsen nicht direkt überwunden werden – beziehungsweise nur in seltenen Ausnahmefällen. Hier gilt es auf das Transportmittel »chemische Botenstoffe« umzusteigen, um das Signal von der sogenannten präsynaptischen (»prä-« aus dem Lateinischen für »vor-«)

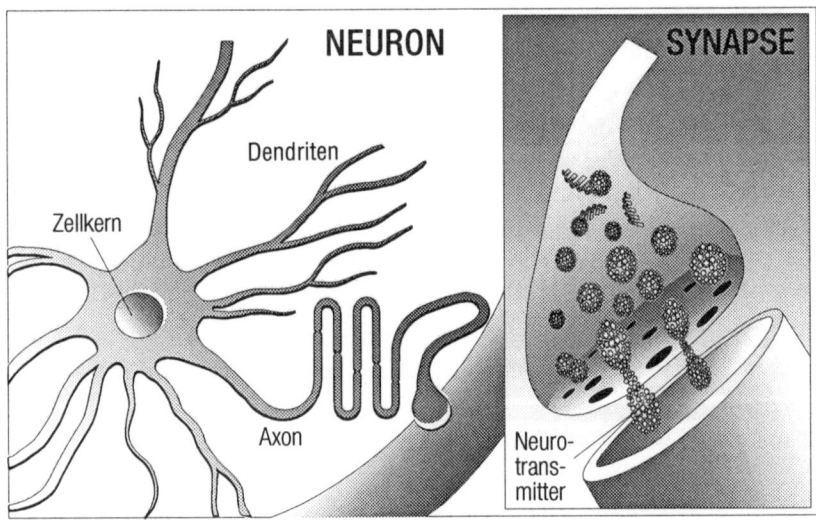

Abb. 3: Vom Zellkörper (Soma) eines Neurons, der den Zellkern (Nukleus) enthält, gehen zahlreiche Nervenfasern aus. Sie können elektrische Spannungssignale zu anderen Nervenzellen übermitteln. Die sich wurzelförmig verzweigenden Dendriten sind dabei die Signal-Eingangsleitungen der Nervenzelle. Über eine zumeist langgestreckte Nervenfaser, das Axon (Neurit), werden Signale von der Zelle ausgesandt. Das Axon verästelt sich erst später in mehrere Faserenden, die dann über sogenannte Synapsen mit Dendritfasern anderer Nervenzellen in Kontakt stehen. Zwischen den beiden Nervenfasern existiert hier ein Spalt, der den normalen elektrischen Übertragungsmechanismus der Nervensignale unterbricht. Mit Hilfe von chemischen Botenstoffen, den sogenannten Neurotransmittern, kann ein Signal von der präsynaptischen zur postsynaptischen Seite übertragen werden. Dabei kann es abgeschwächt oder auch verstärkt werden. Auf der postsynaptischen Seite werden die neuronalen Datensignale wieder über Nervenfasern in Form elektrischer Spannungen weitergeleitet.

Seite des Spaltes zum postsynaptischen (»post-« aus dem Lateinischen für »nach-«) Ufer zu übertragen.

Auf der präsynaptischen Seite befinden sich blasenförmige Vorratsgefäße, die Moleküle einer als Neurotransmitter bezeichneten Substanz bergen. Diese Gefäße werden durch das einlaufende Spannungssignal geöffnet, und ihr Inhalt entleert sich in den synaptischen Spalt. Die freigesetzten Neurotransmitter-Moleküle können über den synaptischen Spalt hinweg zur anderen Seite der Synapse vagabundieren. Dort werden sie an der Zellmembran von sogenannten Rezeptor-Molekülen erwartet, die sich zu den Transmitter-Molekülen gleichsam wie Schloß zu Schlüssel verhalten.

An diesen als Rezeptoren bezeichneten »Empfangsmolekülen« docken die Neurotransmitter an und lösen dadurch biochemische Mechanismen aus, die letztlich eine Absenkung des Ruhepotentials der postsynaptischen Zellmembran bewirken. Einmal in Gang gesetzt, kann nun der Signaltransport auf der postsynaptischen Seite mittels Dominoeffekt wieder auf elektrischem Wege fortgesetzt werden.

Die Neurotransmitter-Moleküle werden nach Erfüllung ihrer Botenfunktion auf der postsynaptischen Seite und auch im Spalt von Enzymen abgebaut, das heißt in Einzelteile zerlegt. Die Rezeptoren sind dann wieder für den nächsten Schwall von Neurotransmittern aufnahmebereit. Bei der Überwindung des synaptischen Spaltes geht Zeit verloren – rund eine halbe Millisekunde.

Entdeckt wurde dieser Mechanismus der chemischen Signalübermittlung an den Synapsen im Jahre 1921 durch den deutsch-amerikanischen Physiologen und Pharmakologen Otto Loewi – eine Leistung, die 1936 ebenfalls mit einem Medizin-Nobelpreis gewürdigt wurde.

Synapsen erfüllen im Beziehungsgeflecht der Neuronen vielfältige Aufgaben. Zum einen wären ohne die Existenz der Synapsen alle Nervenzellen untereinander »kurzgeschlossen«. Das Neurotransmitter-Übertragungssystem erlaubt nur den Signaltransport in eine Richtung; Synapsen sind also mit Gleichrichter-Bauelementen vergleichbar, die einen Stromfluß nur in eine Richtung (von der prä- zur postsynaptischen Seite) zulassen.

So konnten die Neurowissenschaftler denn auch nachweisen, daß das Axon ausschließlich Signale vom Zellkörper weg zu anderen Zellen trägt, während andererseits der Dendritenbaum eine Einbahnstraße für ankommende Signale darstellt. Vielen tausend Input-Leitungen (Dendriten) eines Neurons steht mithin eine einzige Output-Leitung (Axon) gegenüber.

Die Synapsen spielen außerdem bei der Signalverarbeitung in Neuronen-Netzen insofern eine besondere Rolle, als sie sowohl eine verstärkende wie auch eine hemmende Wirkung ausüben können. Ob eine bestimmte Synapse auf der postsynaptischen Seite das Potential an der Zellmembran abschwächt oder verstärkt, hängt vom Neurotransmitter der betreffenden Präsynapse ab. Es gibt nämlich verschiedene Neurotransmitter, die unterschiedliche Reaktionen auf der postsynaptischen Seite hervorrufen können. Dort stehen Rezeptoren für verschiedene Transmitterstoffe bereit.

Von größter Bedeutung für das Zustandekommen komplexerer Gehirnleistungen scheint jedoch die Fähigkeit der Synapsen zu sein, den Grad der Signalverstärkung beziehungsweise -abschwächung (abhängig von der Intensität ihrer Nutzung) verändern zu können. Experimente, bei denen man ein Neuron über eine Elektrode intensiv, das heißt mit einer schnellen Folge von elektrischen Pulsen reizt, ergaben, daß die auf der postsynaptischen Seite eintreffenden Signale dauerhaft größer ausfallen. Die Synapse muß also ihre Effektivität gesteigert haben.

Dieser Effekt, der zum erstenmal im Jahre 1973 nach Untersuchungen an Kaninchenhirnen von dem britischen Neurophysiologen Timothy Bliss beschrieben wurde, ist heute unter der Bezeichnung LTP für »long-term synaptic potentiation« (Langzeitverstärkung) in der Hirnforschung bekannt und noch immer Gegenstand aktueller Forschungsarbeiten. Viele Wissenschaftler gehen heute davon aus, daß die Adaptionsfähigkeit der Synapsen – auch als Plastizität des Gehirns bezeichnet – eine wichtige Rolle bei der Funktion des Gedächtnisses spielt.

Ein Neuron, das sich im Ruhezustand befindet, feuert höchstens einige Pulse in der Sekunde. Bei höchster Aktivität können es allerdings mehr als tausend Signale sein. Was entscheidet nun darüber, wie intensiv ein Neuron Spannungssignale feuert? Die Hirnforscher haben herausgefunden, daß dafür maßgeblich die Stärke der bei einem Neuron ankommenden Eingangssignale verantwortlich ist. Überschreiten diese elektrischen Reize einen Schwellenwert von ungefähr -10 Millivolt, so wird das Neuron aktiv. Die Eingangsspannung setzt sich aus der Summe der vielen von den Dendritenästen gelieferten Einzelsignale zusammen. Das Neuron scheint dabei Signale, die in einem Zeitraum von zirka zehn Millisekunden eintreffen, noch als gleichzeitig anzusehen und gemeinsam zu verarbeiten.

Wenn wir nun noch einmal die Hirnforschung mit der Erkundung eines Fernsehapparates vergleichen, läßt sich durchaus sagen, daß heute nicht nur Teile des Schaltplans bekannt sind, sondern daß man auch schon bei eingeschaltetem Fernsehgerät verschiedene Betriebsspannungen gemessen und die Funktionsweise einzelner Bauteile erschlossen hat. Ja, man hat selbst von außen Spannungssignale in den Apparat hineingegeben, um so das Verhalten von Bauteilen zu testen.

Im Verlauf der letzten Jahre sind eine Reihe leistungsstarker Meßmethoden entwickelt worden, mit deren Hilfe die Wissenschaftler neue Tore der Erkenntnis öffnen könnten. Zu ihnen zählt beispielsweise die Kernspintomographie, die aus dem lebenden Gehirn nicht nur hochaufgelöste dreidimensionale Bilder, sondern auch Informationen über Stoffwechselvorgänge liefern kann. So läßt sich etwa feststellen, welche Bereiche eines Gehirns gerade aktiv sind, wenn die Versuchsperson verschiedenartige Aufgaben bewältigt.

Auf molekularer Ebene ermöglicht etwa die sogenannte Patch-Clamp-Technik neue Einsichten. (Für die Entwicklung dieser Meßmethode wurden 1991 die beiden deutschen Forscher Bert Sackmann und Erwin Neher mit dem Medizin-Nobelpreis ausgezeichnet.) Mit Hilfe feiner Glaselektroden kann man bei diesem Meßverfahren die Funktionsweise einzelner Kanäle in der Außenhaut von

Nervenzellen studieren, durch welche die Zellen Ionen mit der Umgebung austauschen.

Vielleicht wird die Hirnforschung auch von den Bemühungen profitieren, künstliche neuronale Netzwerke nach dem Vorbild des Gehirns zu bauen. Aus dem Verhalten derartiger Schaltungen könnte möglicherweise auf bestimmte Hirnfunktionen zurückgeschlossen werden.

Die Frage, ob es einmal möglich sein wird, intelligente, denk- und kommunikationsfähige Maschinen zu bauen, scheint jedoch nicht zwangsläufig an die Voraussetzung geknüpft zu sein, zuvor das Gehirn in allen seinen Einzelheiten zu verstehen. Einen alten Menschheitstraum, das Fliegen, hat der Homo sapiens ja auch realisiert, ohne das biologische Vorbild eines fliegenden Vogels zu kopieren. Dennoch – oder vielleicht gerade deshalb – sind wir heute in der Lage, schneller, weiter und höher zu fliegen als jeder Vogel.

So betrachten manche Forscher, die sich um die Konstruktion von »intelligenten« Maschinen bemühen, die Resultate der Gehirnforschung lediglich als einen Vorrat von Ideen und Konzepten. Für eine erfolgreiche technische Realisation, so meinen sie, sei es jedoch letztendlich nicht ausschlaggebend, ob die verwendeten Funktionsprinzipien tatsächlich mit denen im Gehirn übereinstimmen.

Doch andererseits gilt sicherlich auch: Je besser die Wissenschaft versteht, wodurch die enorme Leistungsfähigkeit eines Gehirns zustandekommt, um so eher sollte der Bau »intelligenter« Maschinen möglich sein. Hier dürfen wir sicher noch mit manch einer Überraschung rechnen, hat doch bereits die Übertragung der hier skizzierten Kenntnisse über das Gehirn zu technischen Konstrukten mit erstaunlicher Leistungsfähigkeit geführt.

Datenverarbeitung nach dem Vorbild der Natur

Grenzen herkömmlicher Computertechnologie

Wenn heutige Computer mitunter als Elektronenhirne bezeichnet werden, so darf dieser etwas unglückliche Sprachgebrauch keineswegs darüber hinwegtäuschen, daß die Funktionsmechanismen von Computern und Gehirnen kaum etwas gemein haben – außer natürlich, daß es sich in beiden Fällen um Systeme zur Verarbeitung von Informationen handelt.

Das Kernstück eines jeden Computers ist der sogenannte Mikroprozessor, ein Chip, der mit großer Geschwindigkeit Rechenoperationen (bis zu zig Millionen pro Sekunde) ausführen kann. Was genau ein Mikroprozessor zu tun hat, in welcher Reihenfolge und in welcher Weise er Daten verrechnen soll, ist in einer Liste von Befehlen enthalten, die man als Software oder Computerprogramm bezeichnet.

Sowohl die zu verrechnenden Daten als auch die Programme liegen in digitaler Form vor, das heißt, in einer »Sprache«, die nur zwei Zeichen kennt: Null und Eins. Die Null und die Eins werden als Bit bezeichnet. Daten und Programme bestehen aus einer Folge von Bits, die in Speicherchips, auf Disketten oder Festplatten aufbewahrt werden.

Die Nutzung von Computern kann man in aller Kürze etwa so beschreiben: Läßt sich eine Aufgabe durch das Ausführen einer Kette mathematischer Rechenoperationen (Mathematiker bezeichnen dies als Algorithmus) lösen, so kann ein Programmierer eine entsprechende Software schreiben, und der Mikroprozessor des Computers wird anschließend das tun, was ihm befohlen wurde.

Wenn sich der Programmierer nicht geirrt und sich beim Schreiben der Software kein Fehler eingeschlichen hat, wird der Computer am Ende das gewünschte Resultat ermitteln. Doch gibt es Aufgaben, deren Lösung einen derart hohen Rechenaufwand erfordern, daß sie sich in der Praxis nicht bewältigen lassen, weil man jahrelang auf das Resultat warten müßte.

Nun konnte zwar die Rechengeschwindigkeit der Computer in den vergangenen Jahren ständig gesteigert werden, so daß immer aufwendigere Bearbeitungsvorgänge auch praktisch durchführbar geworden sind. Doch läßt sich absehen, daß hier in nicht allzu ferner Zukunft eine natürliche Grenze erreicht sein wird: Die mikroelektronischen Bauelemente lassen sich nicht beliebig weiter verkleinern.

Die Steigerung der Verarbeitungsgeschwindigkeit – und auch das Sinken der Chippreise – hat in erster Linie jedoch ihre Ursache in der von Chipgeneration zu Chipgeneration immer weitergetriebenen Miniaturisierung der auf den Siliziumchips befindlichen elektronischen Bauelemente wie Transistoren, Widerstände oder Kondensatoren. Kürzere Wege für den Strom ermöglichen eine höhere Verarbeitungsgeschwindigkeit und damit die Bewältigung einer größeren Zahl von Rechenoperationen pro Sekunde.

Auch die Kapazität der einem Computer zur Verfügung stehenden Speicherchips ist ein wichtiges Leistungsmerkmal. Denn zur Bearbeitung komplexer Probleme wird in der Regel sowohl für die Software als auch für die zu bearbeitenden Daten ein großer Vorrat an Speicherplatz benötigt. Die fortwährende Steigerung der Kapazität von Speicherchips ist ebenfalls eine direkte Folge der Miniaturisierung der einzelnen auf dem Chip vorhandenen elektrischen Speicherelemente.

Nun gibt es aber zwei Gründe, warum eine Verkleinerung elektronischer Bauelemente nicht beliebig fortgesetzt werden kann. Zum einen erzeugen alle Bauteile beim Betrieb eine bestimmte Wärmemenge. Werden also die Transistoren auf einem Chip immer dichter gepackt, so ist irgendwann die von ihnen produzierte Wärme so groß, daß sie nicht mehr hinreichend schnell abgeleitet werden kann: Die Bauteile werden durch eine zu hohe Temperatur zerstört.

Zum anderen sind auch Chips letztlich aus einzelnen Atomen aufgebaut, so daß spätestens in diesen Dimensionen eine absolute

Grenze für eine weitere Miniaturisierung erreicht sein wird. In den kommenden Jahren ist allerdings noch mit einer weiteren Leistungssteigerung der Mikrochips zu rechnen.

Diese wird sich zum einen durch neue Werkstoffe erreichen lassen, die schneller schalten und höhere Temperaturen aushalten können als Silizium. Der Chip der Zukunft könnte beispielsweise aus Diamant statt Silizium gebaut sein. Bereits heute lassen sich hauchdünne Diamantschichten herstellen, die sich grundsätzlich zur Produktion von Mikrochips eignen. Der aus Kohlenstoffatomen bestehende Diamant besitzt die gleiche Kristallstruktur wie Silizium, kann jedoch bei Zimmertemperatur Wärme rund zwölfmal besser ableiten. Bei höheren Betriebstemperaturen wird dieser Vorteil von Diamant gegenüber Silizium noch größer.

Zum anderen steht der Chiptechnologie noch eine weitere Revolution ins Haus: die Realisierung von Transistoren durch Funktionsprinzipien der Quantenphysik, deren Gesetze relevant werden, wenn die Größe der elektronischen Bauteile eine bestimmte Größe unterschreitet. Für die entsprechende Technologie gibt es schon heute einen Namen: Nanoelektronik. Die Vorsilbe »Nano« ist abgeleitet vom lateinischen Wort »nanus« für Zwerg und bedeutet in der technischen Nomenklatur den milliardsten Teil einer Größe. Der Übergang von der Mikro- zur Nanoelektronik wird die Leistungsfähigkeit noch einmal drastisch steigern. Dann jedoch wird nach heutigem Stand der Kenntnisse das Ende der Fahnenstange erreicht sein.

Doch noch stärker als durch die Hardware ist die Komplexität der von Computern lösbaren Probleme durch die Software begrenzt. Computerprogramme werden – abgesehen von gewissen technischen Programmierhilfen – im wesentlichen von Menschen geschrieben. Und die arbeiten bekanntlich nicht fehlerfrei.

Je aufwendiger und länger ein Computerprogramm ist, desto wahrscheinlicher ist es, daß sich Programmierfehler in die Software einschleichen. Experten gehen davon aus, daß im Durchschnitt mit einem Programmierfehler je tausend Programmzeilen zu rechnen ist. Entsprechend aufwendig und teuer ist es, in einem großen Programmpaket alle zunächst enthaltenen »bugs« (Käfer, Bazillen) –

wie die Programmierer liebevoll ihre Fehler nennen – aufzuspüren und zu beseitigen. (Manchmal fällt diese Aufgabe auch erst dem Software-Nutzer selber zu.) Überdies ist es bei schwierigen Aufgabenstellungen nicht einfach, eine geeignete Befehlskette (Algorithmus) zu finden, mit der sich die gewünschte Lösung berechnen läßt.

Schon heute besteht der Flaschenhals für die Leistungsfähigkeit von Computersystemen eher in diesem Softwareproblem. Unter Experten spricht man gar von einer »Software-Krise«. Chips lassen sich durch Miniaturisierung und Massenproduktion auch bei gesteigerter Komplexität immer besser und preiswerter herstellen. Eine entsprechend aufwendigere Software ist hingegen in der Regel nur mit höheren Kosten zu produzieren. Nur durch neue Konzepte der Informationsverarbeitung scheint ein Ausweg aus dieser Sackgasse erreichbar zu sein.

Eine Strategie besteht in der Entwicklung von sogenannten Parallelrechnern und Transputern, die mit mehreren oder auch einigen hundert Mikroprozessoren ausgestattet sind. Der Rekord für die Zahl von Prozessoren wird von der sogenannten Connection Machine gehalten. Sie besitzt stolze 65 536 Prozessoren. (In Deutschland existieren zwei Exemplare dieses Supercomputers – an der Universität Wuppertal und bei der Gesellschaft für Mathematik und Datenverarbeitung in Sankt Augustin bei Bonn.)

Die hinter solchen Multiprozessor-Konzepten stehende Idee besteht darin, die Rechenarbeit auf mehrere parallel arbeitende Prozessoren zu verteilen und so entsprechend Zeit zu gewinnen. Parallelrechner lassen sich allerdings nur für bestimmte Aufgabenstellungen effizient einsetzen. Beispielsweise sind sie recht gut zur Berechnung von Wettervorhersagen geeignet. Jeder Prozessor kann eigenständig die Wetterdaten einer bestimmten Region bearbeiten und entsprechende Informationen mit den Nachbarregionen – das heißt Nachbarprozessoren – austauschen. Das geht viel schneller, als wenn ein Prozessor nacheinander die Berechnungen für alle einzelnen Regionen durchführen müßte. Theoretisch ist eine Steigerung der Verarbeitungsgeschwindigkeit um einen Faktor möglich, der der Zahl der Prozessoren entspricht.

Doch bei der Lösung der meisten Probleme wird dieser theoretische Beschleunigungsfaktor bei weitem nicht erreicht. Es ist nämlich gar nicht so einfach, ein Computerprogramm zu schreiben, das eine bestimmte Aufgabe so geschickt in Teilaufgaben zerlegt, daß der durch die Verfügbarkeit vieler Prozessoren mögliche Zeitgewinn auch wirklich voll genutzt werden kann. Auf jeden Fall ist das Schreiben von Computerprogrammen für Mehrprozessor-Systeme meistens erheblich aufwendiger als bei einem normalen Einprozessor-Computer. Mithin scheint bei Parallelrechnern die theoretische Leistungsfähigkeit der Hardware zwar gesteigert, das Softwareproblem hingegen noch weiter verschärft zu sein.

Viele Wissenschaftler sind heute davon überzeugt, daß eine wirklich neue Qualität der Informationsverarbeitung mit Hilfe neuronaler Netzwerke erzielt werden könnte, die bestimmte Funktionsmechanismen biologischer Nervensysteme imitieren und dabei grundsätzlich ohne Software auskommen.

»Für jedes Problem der Datenverarbeitung gibt es einen optimalen Rechner«, erläutert der an der Universität Bochum forschende Neuroinformatiker Professor Werner von Seelen. Und bei der Lösung vieler Probleme sind ganz offensichtlich biologische Hirne heutigen Computern sehr weit überlegen. In vielfacher Hinsicht stellt der kleine »Biocomputer« in unseren Köpfen mit seinem Energieverbrauch von weniger als 50 Watt selbst Großrechner in den Schatten.

Neben den gewaltigen Rechenleistungen beeindrucken Hirne auch durch ihre Fähigkeit zur Speicherung überaus großer Datenmengen. Im Laufe eines Lebens werden in einem Gehirn gigantische Informationsmengen verarbeitet und gespeichert. An was können wir uns nicht alles erinnern – vom Duft einer Rose bis hin zum Klang einer bestimmten Sonate. Nach vorsichtigen Schätzungen beträgt die Speicherkapazität eines Gehirns mindestens 10^{15} Bit, was grob der Kapazität von 100 Millionen Computerdisketten entspricht. Zu alledem lassen sich aus der gewaltigen Fülle von Erinnerungen diejenigen blitzschnell ins Bewußtsein holen, die gerade durch einen bestimmten Reiz angesprochen werden.

Computer	Gehirn
ein oder einige Prozessoren	ca. 100 Milliarden Neuronen
serielle Datenverarbeitung	massiv parallele Datenverarbeitung
Datenformat: digital	Datenformat: analog/frequenzcodiert
Schaltgeschwindigkeit Mikro- bis Nanosekunden	Schaltgeschwindigkeit Millisekunden

Bei der Durchführung formaler Rechenoperationen oder allgemeiner gesagt bei Aufgaben, für deren Bearbeitung sich feste Regeln finden und aufschreiben lassen, sind uns zwar die heutigen Computer zweifellos überlegen; doch bei weniger analytischen und eher geometrischen Fragestellungen, wie etwa dem Erkennen von Mustern und der Interpretation wahrgenommener Szenen, stellt sich die Situation ganz anders dar. Hier sind Hirne den Computern weit voraus.

Wenn wir auf der Straße zufällig einen Bekannten treffen, können wir uns im allgemeinen innerhalb von Sekundenbruchteilen daran erinnern, um welche Person es sich handelt – auch wenn wir ihn seit Jahren nicht mehr gesehen haben, und er im Laufe der Zeit sogar sein Aussehen beträchtlich verändert hat.

Versuchen wir uns doch einmal vorzustellen, was ein herkömmliches Computersystem leisten müßte, um Entsprechendes zu vollbringen. Eine Kamera würde ihm zunächst die Szenerie auf der Straße als digitales Bild zur Verfügung stellen. Nehmen wir an, wir hätten dort zehn Passanten im Blickfeld. Zunächst bestünde also die Aufgabe, diese zehn Objekte vor einem möglicherweise stark strukturierten Hintergrund als abgegrenzte Einzelobjekte zu erkennen. Das mag uns vielleicht einfach erscheinen, doch versuche man einmal, formale Regeln zu formulieren, nach denen ein Computer entscheiden soll, welche Bereiche in einer Szene jeweils »ein Objekt« ausmachen. Offenbar können wir Menschen in solchen Situationen »blitzschnell« auf einen erworbenen Erfahrungsschatz zurückgreifen, mit dessen Hilfe wir (unbewußt oder bewußt) optische Eindrücke unmittelbar zu interpretieren in der Lage sind.

Abb. 4: Schwarzweißes Durcheinander: Es ist für uns kein Problem, das Zebra, den Häftling und die Ziegelwand als eigenständige Objekte zu erkennen. Doch wie soll es einem Computer gelingen, diese drei Einheiten voneinander abzugrenzen?

Nehmen wir dennoch an, der Computer hätte die zehn Objekte als Menschen erkannt und sich dann den Bildausschnitten der jeweiligen Gesichter zugewandt. Um einen »alten Bekannten« wiedererkennen zu können, müßte der Computer über einen (recht großen) Datenspeicher verfügen, in dem digitale Bilder von mindestens einigen hundert Gesichtern abgelegt sind.

Um zu prüfen, ob eines der zehn Gesichter bekannt ist, müßte der Computer nun nacheinander jedes dieser zehn Gesichter mit allen gespeicherten Gesichtern vergleichen. Doch wie soll das funktionieren, wenn der Blickwinkel des gespeicherten Bildes mit dem der momentanen Beobachtung nicht übereinstimmt oder der Betreffende sein Aussehen erheblich verändert hat? Würde es genügen, daß der Computer die gespeicherten Gesichter zusätzlich um verschiedene Winkel gedreht und perspektivisch verzeichnet mit dem wahrgenommenen Bild vergleicht und außerdem mögliche Änderungen überprüft, also dem gespeicherten Bild versuchsweise verschiedene Brillenmodelle, Frisuren und Bärte verleiht?

Selbst nach diesen zahlreichen Operationen wäre es praktisch ausgeschlossen, daß ein Original mit seinem »Archiv-Bild« wirklich Punkt für Punkt deckungsgleich übereinstimmt. Auf jeden Fall müßte also zusätzlich noch ein wie auch immer geartetes intelligentes Unterprogramm »recht ähnliche« Bilder als »identisch« erkennen können.

Alles in allem kann man sich vorstellen, daß nur ein überaus aufwendiges und kompliziertes Computerprogramm eine Lösungsstrategie für die beschriebene Aufgabe enthalten könnte, ganz abgesehen von der enormen Zeit, die ein Rechner für die Lösung der Aufgabe »Siehst du einen Bekannten?« benötigen würde. Der Augenblick, in dem wir den Passanten mühelos identifizieren, würde ihm jedenfalls ganz bestimmt nicht genügen.

Wenn nun aber ein Gehirn viele komplexe Problemstellungen, wie das der optischen Mustererkennung, augenscheinlich viel besser bewältigen kann als ein Computer, wäre es dann nicht sinnvoll, entsprechende Aufgaben von Maschinen bewältigen zu lassen, die nach dem Vorbild des Gehirns konstruiert worden sind?

Dieser Gedanke ist durchaus nicht neu. Schon in den vierziger Jahren haben Forscher die Hoffnung gehegt, daß es grundsätzlich möglich sein sollte, die enorme Leistungsfähigkeit von Gehirnen zumindest teilweise auf technische Systeme zu übertragen. Erst im Verlauf der achtziger Jahre sind jedoch aus verschiedenen Ideen und Modellen die ersten wirklich einsatzfähigen technischen neuronalen Netzwerke entstanden. Bis dahin war es ein weiter Weg.

Neuronale Netze als clevere Alternative

Als Urvater der neuronalen Netzwerke wird heute von den meisten Wissenschaftlern der Amerikaner Warren McCulloch (1898–1969) angesehen. McCulloch hatte Psychologie und Neurologie studiert, interessierte sich aber auch sehr für Mathematik und Elektronik und

Abb. 5: Urvater der neuronalen Netze: Der amerikanische Psychologe Warren McCulloch schlug bereits in den 40er Jahren ein einfaches Neuronen-Modell vor, das noch heute Grundlage für viele neuronale Netzwerke ist.

war gleichsam der Prototyp eines interdisziplinär arbeitenden Forschers. Wahrscheinlich bedurfte es dieser exotischen Mischung von Interessen, um schon in den vierziger Jahren ernsthaft an den Bau einer Maschine aus künstlichen, elektrisch betriebenen Neuronen zu denken.

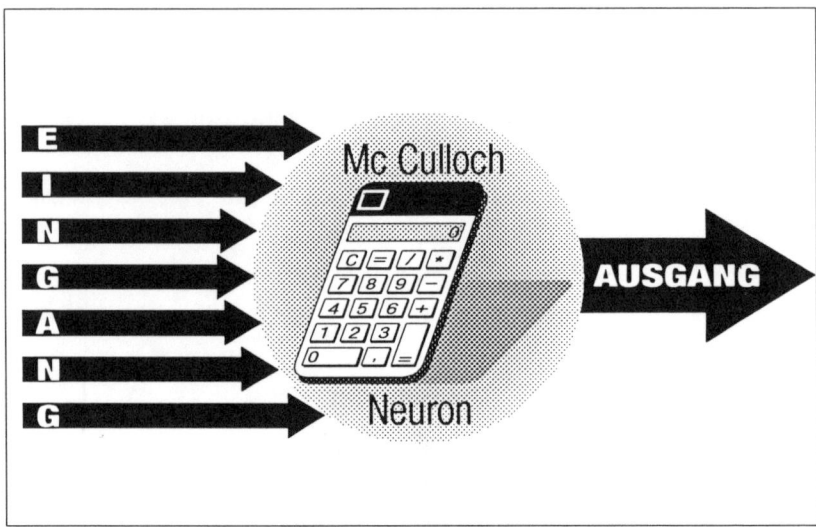

Abb. 6: Nach einem stark vereinfachten Neuronen-Modell von McCulloch werden die bei einer Nervenzelle eingehenden Spannungssignale allesamt addiert. Überschreitet dabei die Summe einen bestimmten Schwellenwert, so schaltet das Neuron in den »erregten Zustand« und sendet seinerseits über seine Ausgangsleitung (Axon) ein Spannungssignal an andere Nervenzellen.

Gemeinsam mit seinem Schüler Walter Pitts erarbeitete er 1943 ein simples Hirnmodell. Ohne dafür empirische Belege zu besitzen, schlugen die beiden Wissenschaftler vor, daß sich ein Neuron nur in zwei Zuständen befinden könne: im Ruhezustand oder erregt. Die Entscheidung darüber sollte von den Spannungssignalen abhängig sein, die über die Dendriten auf das Neuron einwirken. Nach dem Modell von McCulloch und Pitts addiert ein Neuron alle einkommenden Spannungssignale auf und schaltet nur dann in den erregten

Zustand, wenn die Summe der Signale einen bestimmten, für die Zelle charakteristischen Schwellenwert überschreitet. Ein erregtes Neuron sendet Signale an die mit ihm in Verbindung stehenden Neuronen, ein nicht erregtes verbleibt in Warteposition und harrt der Eingangspulse, die da kommen mögen.

Natürlich wußte McCulloch, daß die neuronale Wirklichkeit in einem Gehirn so einfach nicht sein konnte, doch mit irgendeinem Modell mußte man schließlich beginnen. Und bei einem einfachen Ansatz konnte man hoffen, die beschriebenen Funktionen auch wirklich mit Hilfe von Röhren und elektronischen Bauelementen realisieren zu können. Wir wissen inzwischen, daß die Vorstellungen von McCulloch auch aus biologischer Sicht zumindest ein Körnchen Wahrheit enthalten.

Was die Verwirklichung künstlicher neuronaler Netzwerke betrifft, ist das »McCulloch-Pitts-Neuron«, wie es in der Fachterminologie genannt wird, auch heute noch für die meisten Modelle ein wichtiger Grundbaustein. Ein aus McCulloch-Pitts-Neuronen aufgebautes Netzwerk verarbeitet die über Eingangsneuronen zugeleiteten Eingangssignale durch das Zusammenwirken der verschiedenen neuronalen Schwellwertschalter. An jedem einzelnen Neuron wird ständig die Summe der eingehenden Spannungssignale registriert und je nach Stärke der »Reizung« am Ausgang wieder ein Signal an andere Neuronen weitergeleitet – oder eben nicht. Schließlich kann an bestimmten »Output-Neuronen« das Ergebnis dieses Datenverarbeitungsprozesses entgegengenommen werden.

Was dabei genau in einem solchen neuronalen Netzwerk passiert, wird zum einen von der geometrischen Strukturierung des Netzes abhängen, also davon, welche Neuronen miteinander verbunden sind und sich daher beeinflussen können. Zum anderen können die Verbindungsleitungen zwischen den Neuronen Signale verschieden gut weiterleiten, was man in der elektronischen Schaltung durch unterschiedlich hohe elektrische Widerstände realisieren kann. Auch die Höhe der Reizschwelle der Neuronen wird natürlich für das elektrische Geschehen im Netzwerk von Bedeutung sein.

Um eine bestimmte Art der Datenverarbeitung von einem solchen

Netzwerk durchführen zu lassen, ist es also erforderlich, eine dem betreffenden Problem angepaßte Strukturierung des neuronalen Netzwerkes vorzunehmen und geeignete Werte für die Widerstände zu wählen. Zwar läßt sich mathematisch beweisen, daß bereits ein aus solchen einfachen Schaltelementen aufgebautes neuronales Netzwerk grundsätzlich in der Lage ist, jede Aufgabe zu lösen, die wir heute von unseren Computern bearbeiten lassen.

Doch die mühsame Verdrahtung einer – je nach Problemstellung – unter Umständen recht großen Anzahl künstlicher Neuronen scheint da doch noch sehr viel umständlicher und fehleranfälliger zu sein als das Schreiben von Software für einen Computer. Und außerdem: Woher soll man für ein gegebenes Problem der Datenverarbeitung die richtige Geometrie der Verdrahtung kennen? Welche Neuronen sollen miteinander verbunden werden und mit welchem synaptischen Gewicht? Das heißt: Wie soll man die richtigen »Verbindungswiderstände« für ein zu lösendes Datenverarbeitungsproblem finden? Hier kann vielleicht ein Blick auf biologische Nervennetze weiterhelfen.

Ein Gehirn kommt bei der Verarbeitung von Informationen – nach heutigem Kenntnisstand – ohne Software aus. Wie es Signale und Daten verarbeitet, scheint vielmehr, ähnlich dem McCulloch-Pitts-Neuronen-Netzwerk, bereits durch die Strukturierung des Nervennetzes gegeben zu sein. Warum ist nun aber ein bestimmtes Gehirn so verschaltet, wie es eben verschaltet ist?

Eine ausschließlich genetische Festlegung der Netzwerkstruktur des Gehirns ist nicht möglich. Die DNS (Desoxyribonukleinsäure), das Trägermolekül der Erbinformation, kann zwar gewaltige Informationsmengen speichern. Doch selbst ihre gesamte Datenkapazität würde nicht ausreichen, um die außerordentlich komplexe Netzwerkstruktur der Hirnneuronen mit ihren insgesamt 10^{16} (eine 1 mit 16 Nullen) Synapsen genetisch zu codieren. Genetisch kann also nur eine »Grundverdrahtung« des menschlichen Gehirns festgelegt sein. Mithin muß es offenbar in der Lage sein, sich in einem Prozeß der Selbstorganisation in bestimmtem Umfang selber zu verschalten. Das Schlüsselwort heißt hier Lernfähigkeit.

In Tierexperimenten konnte gezeigt werden, daß die Verschaltung der Gehirnzellen von den jeweiligen Erfahrungen, die ein Tier macht, abhängig ist. So können beispielsweise Katzen, denen man von Geburt an nur senkrecht gestreifte Muster gezeigt hat, später keine waagerechten Streifen mehr wahrnehmen: Die dazu notwendigen Schaltungen wurden im Gehirn nicht ausgebildet.

Das Gehirn lernt also durch die Wechselwirkung mit der Umwelt, die Struktur seines Neuronen-Netzwerkes den auftretenden Reizen anzupassen – ein Effekt, den man auch als »Plastizität des Gehirns« bezeichnet.

Auch ein menschliches Baby strukturiert sein Nervennetzwerk durch die Wechselwirkung mit der Umwelt. Es braucht Reize von außen, um sein Gehirn sinnvoll zu verschalten. Manche Fähigkeiten können später kaum noch erlernt werden, wenn sie nicht in einer kritischen Phase trainiert worden sind. Das Sprichwort »was Hänschen nicht lernt, lernt Hans nimmermehr« faßt diese Tatsache volkstümlich zusammen.

Hört beispielsweise ein Mensch während der ersten zwei bis drei Lebensjahre niemals ein »r«, so ist er später praktisch nie mehr in der Lage, ein »r« zu verstehen oder zu sprechen – ein Effekt, der uns aus der asiatischen Kulturwelt bekannt ist. Die für das Erkennen des betreffenden Lautes nötige Neuronenschaltung wird hier nicht ausgebildet. Nur unter allergrößter Anstrengung kann mit einem weniger effektiven Lernmechanismus später doch noch das Erkennen und Sprechen des Buchstaben »r« halbwegs erlernt werden.

In jüngerer Vergangenheit konnten Wissenschaftler sogar nachweisen, daß sich in den Gehirnen von Babys bestimmte Lernvorgänge – mit der entsprechenden Strukturierung der Nervennetze – bereits im Mutterleib abspielen. Denn unmittelbar nach der Geburt sind Säuglinge beispielsweise schon in der Lage, die Stimme der Mutter eindeutig von anderen Stimmen zu unterscheiden.

Doch nicht alles muß ein Neugeborenes eigenständig lernen. Ein Teil des Gehirnbauplans ist genetisch festgelegt. So werden etwa die neuronalen Schaltpläne für jene Nervenzellen, die zur Steuerung lebenswichtiger Funktionen – wie das Atmen – benötigt werden, vererbt. Bei primitiven Lebewesen, wie den Insekten, ist hingegen die gesamte Struktur des Nervennetzwerkes genetisch vorbestimmt. Beim erwachsenen Menschen sind Lernvorgänge nicht mehr durch Neubildung und Verschaltung von Neuronen möglich. Mit der Anzahl von Nervenzellen, mit denen wir einmal ausgestattet worden sind, müssen wir ein ganzes Leben lang auskommen. Auch in einem grundsätzlich fertig verschalteten Gehirn müssen aber noch Lernvorgänge möglich sein, denn schließlich können und müssen wir ein Leben lang lernfähig sein. Vieles von dem, was wir scheinbar mühelos ausführen können, von einer einfachen Additionsaufgabe bis hin zum Autofahren, haben wir erst zu einem Zeitpunkt erlernt, zu dem die Einrichtung neuer Verschaltungswege im Gehirn schon lange nicht mehr möglich gewesen ist.

Nach einem Lernvorgang – und sei es, daß wir nur eine einzige neue Vokabel gelernt haben – kann ein Gehirn nicht mehr das gleiche sein wie zuvor. Denn diese Vokabel muß nun in irgendeiner Form im Netzwerk der Neuronen gespeichert sein. Wie das im einzelnen funktioniert, haben die Hirnforscher bis heute noch nicht genau entschlüsseln können. Doch es scheint so zu sein, daß die Synapsen zwischen den Neuronen bei solchen Lernvorgängen die entscheidende Rolle spielen.

Der kanadische Psychologe Ronald Hebb postulierte bereits im Jahre 1949 – offenbar inspiriert durch die Untersuchungen des russischen Physiologen und Medizin-Nobelpreisträgers Iwan Pawlow zum bedingten Reflex – eine Lernregel, die heute in verschiedenen Versionen durch die Köpfe der Neuro-Netz-Forscher geistert.

Pawlow hatte seinen Hunden unmittelbar vor jeder Mahlzeit ein Glockensignal gegeben. Die zeitliche Nähe der Reize »Glockenton« und »Fressen« führte schließlich dazu, daß bei den Hunden alleine durch den Klang der Glocke eine verstärkte Speichelproduktion ausgelöst wurde. Mit Hilfe der Hebbschen Regel konnte man sich eine Vorstellung davon machen, was bei diesem Training wohl in den Köpfen der Hunde passiert war.

Hebb unterstellte, die Synapse zwischen zwei Neuronen »intensiviere« sich, wenn die beiden Neuronen häufiger gleichzeitig gereizt werden. Die Verbindung zwischen ihnen schleift sich quasi ein, so daß später die Reizung eines der beiden Neuronen ausreicht, um – via direktem guten Draht – sofort auch das andere Neuron zu erregen.

In den sechziger Jahren konnte der amerikanische Forscher Eric Kandel von der Columbia University erstmals durch Experimente mit Meeresschnecken nachweisen, daß Lerneffekte tatsächlich mit einer Veränderung der synaptischen Aktivität einhergehen. Diese Meeresschnecken reagieren auf eine Berührung der Atemröhre mit dem Zurückziehen der Kiemen. Bei einer wiederholten Berührung wird die Reizantwort immer schwächer – die Schnecken gewöhnten sich offenbar an den Reiz. Die im vergleichsweise übersichtlichen Nervensystem der Meeresschnecken für das Zurückziehen der Kiemen verantwortlichen Neuronen schütteten dann, wie Kandel zeigte, nach dem Lernvorgang weniger Neurotransmitter aus. Im Experiment gelang auch eine Verstärkung der Reizantwort: Nun wurden mehr Neurotransmitter ausgeschüttet, die Synapse hatte sich verstärkt.

Eine solche Intensivierung oder Abschwächung einer Synapse läßt sich in der technischen Übertragung ganz einfach als Verringerung oder Erhöhung des elektrischen Widerstandes der betreffenden Verbindungsleitung auffassen. Eine technisch realisierte Synapse, die sich bei häufiger Benutzung verstärkt, wird heute gemeinhin als »Hebb-Synapse« bezeichnet.

Mit der Hebbschen Lernregel war zum erstenmal ein Mechanismus formuliert worden, mit dessen Hilfe sich ein McCulloch-Pitts-Neuronen-Netzwerk eigenständig organisieren konnte, um so für die Bewältigung bestimmter Aufgabenstellungen »fit« zu werden. Denn auch für künstliche neuronale Netzwerke sollte es ja so sein, daß sie ihre Fähigkeiten – ähnlich einem Gehirn – zunächst einmal zu erlernen hätten.

Neuronale Netze lernen, indem sie die Verbindungsleitungen zwischen den einzelnen Neuronen in ihrer Stärke variieren. Das so eingeregelte neuronale Netzwerk benötigt keine Software mehr, die ihm sagt, was es machen soll. Allerdings muß zunächst eine grundsätzliche Netzwerkstruktur vorgegeben werden, damit dieses Netz durch Trainingsvorgänge den erwünschten Lernerfolg erzielen kann. Eine außerordentlich große Vielfalt möglicher Netzwerkgeometrien ist dabei denkbar. Auch das Gehirn zeigt in seinen verschiedenen Teilen ganz unterschiedliche Verschaltungsstrukturen. Die Frage, welche neuronalen Netzwerke mit welchen Lernregeln sich am besten für bestimmte Anwendungen eignen, sollte in der Geschichte der neuronalen Netzwerke bis heute eine zentrale Frage bleiben.

Ausgerechnet der später für seine Skepsis gegenüber neuronalen Netzwerken bekannt gewordene amerikanische Computerwissenschaftler Marvin Minsky vom Massachusetts Institute of Technology (MIT) war es, der im Jahre 1951 als erster ein neuronales Netzwerk aus elektronischen Bauteilen realisierte. Minsky, heute als Pionier der Künstlichen-Intelligenz-(KI)-Forschung gefeiert und von seinen »Computerjüngern« gerne als »KI-Papst« bezeichnet, verband seinerzeit kurzerhand 300 Röhren, Motoren, Widerstände und Schalter zu einem Netzwerk, das er »Snarc« (für »Stochastic Neural Analogue Reinforcement Calculator«) nannte. Snarc barg vierzig technische Neuronen und konnte seine Synapsenstärken mit Hilfe der Motoren, die Regelwiderstände betätigten, eigenständig verändern. »Snarc konnte Probleme bewältigen, wie etwa das Finden eines Weges durch einen Irrgarten«, erinnert sich Minsky heute, doch vergißt er nicht, sofort auch auf die Grenzen dieser Technik hinzuweisen: »Hatte Snarc sich aber einmal in einer Wegschleife verfangen, dann kam er da nicht mehr heraus. Ich konnte ihm nicht beibringen, die Schleife nur einmal zu durchlaufen.«

Die Leistungen von Snarc haben Minsky wohl nicht überzeugt, und er verlor schon bald das Interesse an dieser Maschine. Sein Credo galt fortan vielmehr den software-gestützten Computern, die sich gegen Ende des Zweiten Weltkrieges zu leistungsfähigen Maschinen gemausert hatten und deren Möglichkeiten ständig zunahmen. Ihnen konnte man »einfach« sagen, was sie zu tun hätten. Neuronale Netze mußten hingegen alles erst mühsam lernen.

Im Jahre 1949 begründete der amerikanische Mathematiker Norbert Wiener eine neue Disziplin: die Kybernetik. Diese Wissenschaft betrachtete biologische und technische Systeme erstmals unter einem einheitlichen Ansatz und verstand sie in ihrer Funktionsweise als grundsätzlich vergleichbar. Vom Geist des »kybernetischen Zeitalters« erfaßt, widmete sich der amerikanische Psychologe Frank Rosenblatt mit großem Engagement den neuronalen Netzen. Sein Schicksal und das der neuronalen Netze sollten eng mit dem Namen Minsky verbunden bleiben.

Marvin Minsky und Frank Rosenblatt hatten beide die gleiche Klasse der Bronx High School of Science besucht, beide wurden Professor (Minsky am MIT in Boston und Rosenblatt an der Cornell-University in Ithaca), und beide wagten sich an die Konstruktion von neuronalen Netzwerken: Minsky baute Snarc und Rosenblatt Ende der fünfziger Jahre ein neuronales Netzwerk, das er auf den Namen »Perzeptron« taufte.

Doch während Snarc für Minsky nur ein kurzes Intermezzo in seiner Forscherkarriere war, wurde das Perzeptron für Rosenblatt geradezu zum Lebensinhalt. Rosenblatt hatte sich das Ziel gesetzt, ein lernfähiges neuronales Netzwerk zu bauen, das nach einer Trainingsphase in der Lage sein sollte, eigenständig Buchstaben zu lesen und zu identifizieren. Er investierte sehr viel Energie und Leidenschaft in diese Maschine.

Eine Maschine, die lesen soll, benötigt zunächst einmal ein »Auge«. Das realisierte Rosenblatt durch eine rechteckige Anordnung aus 400 Photozellen, mit deren Hilfe sich Lichtsignale in elektrische Signale umwandeln ließen. Auf diese Schicht aus optischen Sensoren, die gleichzeitig die Eingangsneuronen des Netzwerkes darstellten, ließen sich dann mit Hilfe einer Linse Buchstaben abbilden.

Überschreitet nun bei der optischen Abbildung eines Buchstabens auf die Schicht der Sensoren die Lichtintensität an einer Photozelle einen Schwellenwert, so gibt sie ein elektrisches Signal ab – das Input-Neuron ist erregt. Die Photosensoren des Rosenblattschen Perzeptrons waren mit einer Schicht aus 512 Neuronen verbunden,

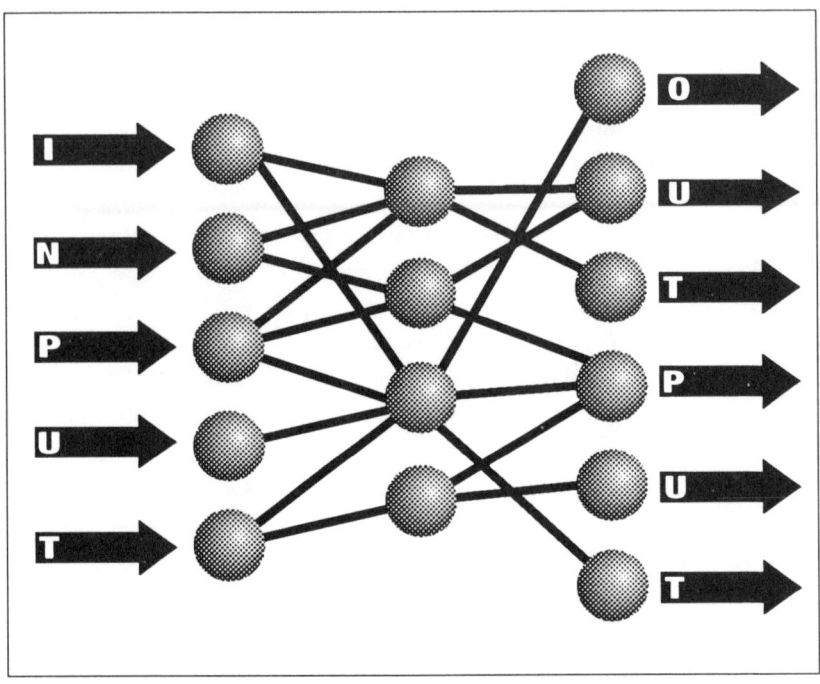

Abb. 7: McCulloch-Neuronen lassen sich zu neuronalen Netzwerken verschalten. Die Grafik zeigt ein aus drei Schichten (Input-, Output- und Zwischenschicht) aufgebautes neuronales Netzwerk. Abhängig von der Verschaltung des Netzwerkes, den Schwellenwerten der Neuronen und den sogenannten synaptischen Gewichten (Grad der Verstärkung oder Abschwächung der Signale durch eine Synapse), wird ein bestimmtes Eingangssignal an der Input-Schicht zu einem spezifischen Ausgangssignal an der Output-Ebene führen: neuronale Datenverarbeitung in ihrer einfachsten Form, wie sie beim Rosenblattschen Perzeptron realisiert wurde.

wobei die durch Regelwiderstände realisierten Synapsen zunächst eine zufällige Größe besaßen.

Die Ausgänge (Axone) der nach den Regeln von McCulloch und Pitts arbeitenden »Röhren-Neuronen« waren dann wiederum mit einer Schicht von acht Ausgabe-Neuronen verbunden. Ein vorgegebener Buchstabe galt als erkannt, wenn ein bestimmtes dieser Ausgabe-Neuronen (beziehungsweise eine bestimmte Kombination von ihnen) durch die Vorlage des entsprechenden Buchstaben »erregt«

wurde. Natürlich hätte Rosenblatt auch für jeden Buchstaben des Alphabets ein eigenes Ausgangsneuron verwenden können – am Prinzip und der Funktionsweise der Anordnung hätte das nichts geändert. Der Schaltungsaufwand wäre nur größer geworden. Doch was befähigte das Perzeptron, Buchstaben zu erkennen? Das untrainierte Perzeptron antwortete am Anfang auf die Vorlage eines bestimmten optischen Eingangsmusters zufällig. Wurde dann aber vom Experimentator das zufällige Ausgabemuster dazu bestimmt, den gerade gezeigten Buchstaben zu repräsentieren, so konnte das Verhalten des Perzeptrons entsprechend in diese Richtung »erzogen« werden. Das heißt, gemäß der Hebbschen Regel wurden mit Hilfe von Motoren die Regelwiderstände der an der Erzeugung des korrekten Ausgangssignals beteiligten Synapsen »verstärkt«. Wurde also der betreffende Buchstabe dem neuronalen Netzwerk ein weiteres Mal vorgelegt, so erzeugte es »erst recht« das gleiche Ausgangssignal: Es hatte den Buchstaben »wiedererkannt«.

Entsprechend kann das Netzwerk trainiert werden, auch den anderen Buchstaben des Alphabets ein bestimmtes Ausgangssignal zuzuordnen. Dabei läßt sich aber das Erlernen eines bestimmten Buchstabens nicht isoliert von den übrigen Lernvorgängen betrachten, da natürlich jeweils eine große Zahl von Synapsen an der Erkennung der verschiedenen Buchstaben beteiligt ist. Da kann es während der Trainingsphase schon zu Konflikten kommen. So können durch das Erlernen eines neuen Buchstabens die synaptischen Gewichte so verändert werden, daß das Netzwerk einen eigentlich schon »verinnerlichten« Buchstaben zunächst wieder vergißt. Doch im Wechselspiel von Verstärken nach richtigen und Abschwächen nach falschen Antworten hatte das Perzeptron nach einer Reihe von Trainingsdurchläufen die Synapsen allesamt so arrangiert, daß es alle Buchstaben erkennen konnte. Ein großer Erfolg, wenn man berücksichtigt, mit welch bescheidenen technischen Mitteln Rosenblatt in den fünfziger Jahren an die Arbeit gehen mußte.

Die prinzipielle Möglichkeit, auf der Grundlage der Hebbschen Regel lernfähige Maschinen zu bauen, war bewiesen. Manch ein

Wissenschaftler wurde durch diese ersten Erfolge der neuronalen Netzwerke motiviert, sich ebenfalls mit diesem spannenden Forschungsgebiet zu befassen. Im Jahre 1960 entwickelten die amerikanischen Forscher Bernard Widrow und Marcian Hoff ein Netzwerk-Modell namens Adaline, das im Aufbau dem Perzeptron zwar sehr ähnlich war, doch seine Synapsen mit einer besseren Lernregel, der sogenannten Delta-Regel, adaptierte. Diese Regel, bei der ein elektrisches »Fehlersignal« den Lernerfolg automatisch an die Synapsen rückmeldete, ermöglichte eine deutlich kürzere Trainingszeit des neuronalen Netzwerkes.

Dieser Adaline wurde die Ehre zuteil, als erstes neuronales Netzwerk praktisch eingesetzt zu werden: Sie konnte als anpassungsfähiger Filter den bei Ferngesprächen in Telefonleitungen auftretenden Echoeffekt unterdrücken. Allerdings hatte man bei dieser Anwendung wohl mit Kanonen auf Spatzen geschossen, denn eine entsprechende Echounterdrückung ist auch mit einfacheren elektronischen Schaltungen möglich.

Später erweiterten die beiden Forscher das aus nur einer Neuronenschicht bestehende Adaline-Netzwerk um eine weitere Neuronenschicht zur »multiple Adaline«, der sogenannten Madaline – dem ersten neuronalen Netzwerk mit mehreren inneren Neuronenschichten. Sowohl das Adaline- als auch das Madaline-Neuro-Netz sind heute noch Ausgangspunkt vieler Realisierungen von neuronalen Netzen.

Insgesamt herrschte in den fünfziger und sechziger Jahren unter den Forschern in Sachen neuronale Netzwerke ein recht großer Optimismus. Was alles ließe sich wohl mit Hilfe dieser lernfähigen Maschinen realisieren? Der Phantasie waren zunächst kaum Grenzen gesetzt. Doch der Optimismus der ersten Stunde sollte bald ein jähes Ende finden.

In einem intellektuellen »Handstreich« versetzte Marvin Minsky das junge Forschungsgebiet in einen »Dornröschenschlaf«. Gemeinsam mit seinem Mitarbeiter Seymour Papert veröffentlichte er 1969 das Buch *Perceptrons,* in dem er scharfsinnig die Leistungsgrenzen von

Maschinen des Perzeptrontyps nachwies. So zeigte er beispielsweise, daß derartige neuronale Netze bestimmte logische und geometrische Aufgaben niemals würden lösen können. Damit hatte Minsky zwar recht, doch galten diese Schlußfolgerungen in der Tat nur für neuronale Netzwerke vom Typ eines Perzeptrons.

Heute wissen wir, daß sich mit Hilfe anderer Netzwerkstrukturen und Lernregeln die von Minsky aufgezeigten Beschränkungen überwinden lassen. Doch damals muß sein Buch viele Neuro-Netz-Forscher regelrecht schockiert und demotiviert haben. Das, was neuronale Netze also niemals können sollten, wurde damals von Software-Computern bereits spielend bewältigt. Auch das Erkennen von genormten Großbuchstaben, wie es das Perzeptron zu leisten vermochte, konnte man ohne weiteres mit einem simplen Computerprogramm realisieren. Lohnte es da überhaupt noch, sich mit neuronalen Netzwerken zu beschäftigen?

Rosenblatt verunglückte Anfang der siebziger Jahre bei einem Bootsunfall tödlich. Er war ganz alleine mit dem Boot herausgefahren, und Gerüchte wollen wissen, daß es sich um einen Selbstmord gehandelt habe. Als 1972 die zweite Auflage von *Perceptrons* erschien, versah Minsky das Buch mit einer handschriftlichen Widmung: »Zum Gedenken an Frank Rosenblatt«.

Die Zukunft der maschinellen Datenverarbeitung schien ausschließlich den programmierbaren Computern zu gehören. Sie wurden immer schneller, leistungsfähiger und preiswerter und eroberten nach und nach Büros, Fabrikhallen und Haushalte. In den siebziger Jahren jedenfalls dachte kaum jemand bei dem Begriff Künstliche Intelligenz an neuronale Netzwerke.

Manche KI-Forscher, allen voran Marvin Minsky, stellten gar die Konstruktion künstlicher Gehirne in Aussicht – auch das auf der Basis der sich rasant entwickelnden Computertechnologie, die von der Röhre über den Transistor zum Mikrochip strebte. Heute wissen wir, daß konventionelle Computersysteme selbst bei weit einfacheren Aufgabenstellungen Schwierigkeiten bekommen.

Natürlich muß man das Verhältnis von Neuro-Netz-Forschung und Computer- oder KI-Forschung auch unter dem Gesichtspunkt der nicht in beliebigem Umfang zur Verfügung stehenden Fördermittel betrachten. Hier hatten die an der konventionellen Computertechnologie Forschenden in der Vergangenheit stets die besseren Karten, weil man sich von ihrer Arbeit in absehbaren Zeiträumen die Lösung konkreter Probleme des Alltags versprechen konnte.

Die Neuro-Netz-Forschung war damals jedoch eine reine Grundlagenforschung, die nur ein paar verblüffende Resultate hervorbrachte. Die für die Vergabe von staatlichen Fördermitteln Verantwortlichen mußten den Eindruck haben, daß neuronale Netze, wenn überhaupt, erst zu einem sehr viel späteren Zeitpunkt mit der konventionellen Computertechnologie würden konkurrieren können.

Bis heute ist in den Köpfen mancher Forscher noch etwas von dem Konkurrenzdenken zwischen diesen beiden unterschiedlichen Ansätzen zur Informationsverarbeitung übriggeblieben: Schließlich sind die Fördertöpfe auch heute nicht beliebig groß.

In den siebziger Jahren gab es auf der Forschungsbühne der neuronalen Netzwerke keine spektakulären Darbietungen, und nur wenige Wissenschaftler blieben diesem Gebiet überhaupt treu. Zu ihnen zählt etwa der deutsche Neuroinformatiker Christoph von der Malsburg, der heute jene Periode gerne als »neuronale Eiszeit« bezeichnet. Von der Malsburg, der zu den weltweit bekanntesten Neuroinformatikern zählt, hatte während dieser Zeit in einem Göttinger Max-Planck-Institut »überwintert«.

Erst in den achtziger Jahren kam es dann zu einer Renaissance und einem regelrechten Boom der Neuro-Netz-Forschung. Nun schien auf einmal die Zeit für diese etwas andere Art der Datenverarbeitung reif zu sein. Eindrucksvoll läßt sich die plötzliche Wiederbelebung dieses Forschungszweiges anhand der Entwicklung der Teilnehmerzahlen einer in den USA stattfindenden Fachtagung über neuronale Netze belegen. Waren im Jahre 1986 nur etwa fünfzig Wissenschaftler zur Konferenz erschienen, so waren es im darauf folgenden Jahr bereits 1400 – und in den kommenden Jahren sollten es noch mehr werden. Was war geschehen?

Die Gründe, warum die neuronalen Netze plötzlich die Aufmerksamkeit so vieler Wissenschaftler auf sich zogen, sind recht vielschichtig. Zum einen waren inzwischen die Grenzen der herkömmlichen Computertechnologie zumindest schemenhaft deutlich geworden, andererseits war die Leistungsfähigkeit der Rechner doch groß genug, um die Eigenschaften von neuronalen Netzwerken – auch mit einer großen Zahl von Neuronen – in Computersimulationen untersuchen zu können. Das ist dann viel einfacher und schneller, als wenn man zunächst mit Röhren und Schaltern ein solches Netzwerk mühsam aufbauen und damit experimentieren muß. Auch Änderungen der Netzwerkstruktur und anderer Modellparameter lassen sich bei einer Computersimulation viel einfacher variieren und somit optimieren.

In dieser Situation wurde durch eine im Jahre 1982 veröffentlichte Arbeit des amerikanischen Physikers John Hopfield eine Forschungslawine ausgelöst. Er übertrug leistungsstarke Rechenmethoden aus der Physik in die Welt der Neuronen-Netze und konnte damit die Funktionen Lernen, Gedächtnis und Erinnern in einem neuronalen Netzwerk nicht nur simulieren, sondern sogar mathematisch exakt nachvollziehen. Die von ihm untersuchte Netzwerkstruktur – das nach ihm benannte »Hopfield-Netz« – konnte überdies die von Minsky aufgezeigten Beschränkungen nachweislich überwinden. Das Tor für Visionen stand wieder weit auf – und viele Wissenschaftler stürzten sich fasziniert auf das neue, alte Thema.

Die Renaissance einer alten Idee

Als Physiker kannte John Hopfield, der heute als Professor am California Institute of Technology in Kalifornien arbeitet, natürlich jene exotischen magnetischen Materialien, die von den Wissenschaftlern als Spingläser bezeichnet werden.

Dabei handelt es sich keinesfalls um Gläser im umgangssprachlichen Sinne, sondern vielmehr um Metalle, deren (magnetische) Atome in einem Kristallgitter nicht, wie üblich, schön regelmäßig,

Abb. 8: Renaissance der neuronalen Netze: Dem Physiker John Hopfield vom California Institute of Technology (Pasadena) gelang es Anfang der 80er Jahre, mit einer anschaulichen mathematischen Theorie die Leistungsfähigkeit neuronaler Netze transparent zu machen. Hier ist er in seinem Arbeitszimmer mit einem von ihm entwickelten Neuro-Chip zu sehen.

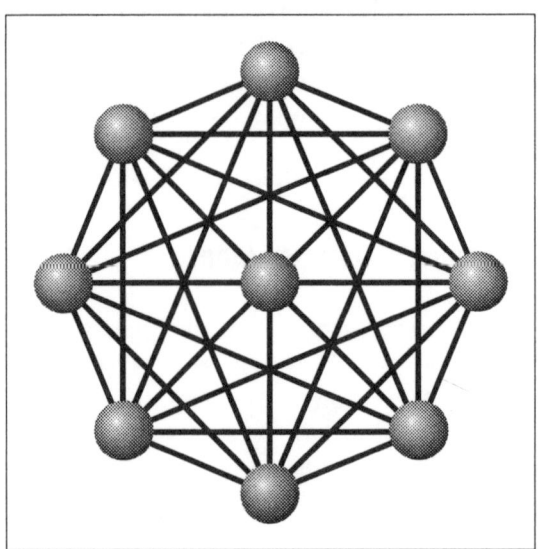

Abb. 9: Beim sogenannten Hopfield-Netzwerk – einem nach dem amerikanischen Physiker John Hopfield benannten Typ eines neuronalen Netzes – steht jedes Neuron mit jedem anderen Neuron in Verbindung. Alle Neuronen des Hopfield-Netzwerkes können grundsätzlich zu Eingangs- oder Ausgangs-Neuronen bestimmt werden. Hopfield konnte für ein solches neuronales Netzwerk mathematisch exakt nachvollziehen, wie Lern- und Erinnerungsvorgänge funktionieren. Bestimmte, mit einem neuronalen Netz vom Perzeptron-Typ nicht zu bewältigende Aufgaben lassen sich mit einem Hopfield-Netz meistern.

sondern wirr und ungeordnet liegen. (Als Spin bezeichnen Physiker eine bestimmte Form des Magnetismus einzelner Atome beziehungsweise Elektronen.)

Die magnetischen Eigenschaften eines solchen Spinglases sind nun sehr stark von der »Geschichte« des betreffenden Materialstücks abhängig – Spingläser haben ein »Gedächtnis« für das, was mit ihnen in magnetischer Hinsicht in der Vergangenheit geschehen ist.

Die Richtung, in die der Magnetspin jedes der vielen Atome in einem Spinglas zeigt, ist von den Richtungen aller benachbarten Spins abhängig. Je näher sich zwei Atome in diesem räumlichen Durcheinander stehen, desto stärker können sie sich gegenseitig beeinflussen. Außerdem können sich die »Magnetnadeln« zweier Atome anziehen oder auch abstoßen – je nach Abstand. Dabei wechseln sich mit zunehmender Entfernung Zonen der Anziehung (Ferromagnetismus) und Abstoßung (Antiferromagnetismus) immer wieder ab.

Angesichts dieses komplizierten Verhaltens und der unvorstellbar großen Zahl der beteiligten Atome (billionenmal mehr als die Zahl von Neuronen im Gehirn) erscheint es auf den ersten Blick völlig aussichtslos, das magnetische Verhalten eines Spinglases, das sich aus der Summe aller seiner Einzelatome zusammensetzt, verstehen zu können.

Dennoch ist es den Physikern mit leistungsfähigen mathematischen und statistischen Methoden gelungen, das Verhalten von Spingläsern zu enträtseln. Obwohl es nicht möglich ist, das genaue räumliche und zeitliche Verhalten des Spins jedes einzelnen Atoms genau vorherzusagen, gelingt es doch, das Gesamtverhalten eines Spinglases gut zu beschreiben.

Hopfield erkannte formale Parallelen zwischen einem Stückchen Spinglasmaterie und einem Neuronen-Netzwerk. In beiden Fällen hatte man es mit einer sehr großen Zahl von Einzelelementen zu tun, in dem einen Fall mit Neuronen, in dem anderen mit Atomen. Diese Elemente kommunizieren untereinander – mittels elektrochemischer beziehungsweise magnetischer Signale – und beeinflussen sich so untereinander. Die Summe einer Vielzahl von verstärkenden oder auch hemmenden Signalen, die von den Nachbareinheiten eingehen, entscheidet in beiden Fällen über die Reaktion eines einzelnen Elementes, das dann dadurch wiederum die anderen Elemente beeinflußt. Es existiert also eine subtile Art der gegenseitigen Beeinflussung, die man technisch auch als Rückkopplung bezeichnen kann.

Als die Analogie zwischen neuronalen Netzwerken und der physikalischen Theorie der Spingläser erst einmal erkannt war, lag die Idee nicht fern, das mathematische Handwerkszeug der Physik auf ein entsprechendes Neuro-Netz-Modell zu übertragen. Hopfield entwarf zu diesem Zweck ein aus einer Neuronenschicht bestehendes Netz, in dem jedes Neuron mit jedem anderen über eine Synapse verbunden ist. Er konnte für dieses neuronale Netzwerk mathematisch exakt beweisen, daß es nach entsprechender Vorgeschichte – die sich in bestimmten synaptischen Kopplungsstärken manifestiert – fähig ist, sich an zuvor Gelerntes assoziativ zu erinnern. Nun konnte es also nicht mehr geleugnet werden: Ein neuronales Netzwerk war in der Lage, Dinge zu vollbringen, die man in dieser Form bislang nur Gehirnen zugetraut hätte. Noch heute ist dieses allgemein als Hopfield-Netzwerk bekannte Modell Grundlage für kompliziertere und ausgefeiltere Netzwerkarchitekturen.

Die Veröffentlichung, in der Hopfield sein wissenschaftlich überzeugendes Resultat präsentierte, wurde für viele Forscher auf der ganzen Welt zum Kick, ihre Aufmerksamkeit auf die neuronalen Netzwerke zu lenken. Neben dem faszinierenden Ergebnis an sich hatte dazu sicherlich auch seine anschauliche Darstellung des eigentlich außerordentlich komplexen Geschehens beigetragen.

Bei einem Spinglas läßt sich der Endzustand, in dem sich die Spins in einer gegebenen Situation anordnen, letztlich durch eine Minimierung der im System steckenden Energie charakterisieren. Stellt man sich die Punkte auf einer Ebene als mögliche Zustände eines Spinglassystems vor, so kann man sich für jeden konkreten Fall eine Hügellandschaft vorstellen, die zum Ausdruck bringt, welche Energie das Spinglasstückchen in einem bestimmten Zustand besitzt: Je höher die Kugel in der Landschaft plaziert ist, um so mehr Energie besitzt sie. Die Energie einer auf einem Berg oder an einem Hang befindlichen Kugel ist offensichtlich nicht minimal, sie kann durch das Herunterrollen in das nächste Tal ihre Energie verringern.

Im Falle des neuronalen Netzwerkes kann man sich nun jeden Punkt der Landschaft als ein spezielles neuronales Erregungsmuster und jede Mulde der fiktiven Hügellandschaft als die Ausprägung einer Erinnerung vorstellen. Ein Hopfield-Netzwerk, das zum Beispiel das Aussehen von Buchstaben erlernt hätte, würde in dieser Gedächtnislandschaft für jeden Buchstaben eine Senke besitzen.

Bietet man diesem Netzwerk dann später einen bestimmten Buchstaben an, dessen Aussehen ein wenig verfremdet wurde, so wäre in diesem Bild die Kugel zunächst ein wenig aus der betreffenden Mulde herausgerückt. Die Eigendynamik des neuronalen Netzwerks würde dann aber sofort dafür sorgen, daß die Kugel in die nahegelegene Mulde rollt und somit den früher erlernten Buchstaben wiedererkennt.

Mit Hilfe des Hügelmodells und der Berg-und-Tal-Fahrt eines Kügelchens läßt sich auch veranschaulichen, unter welchen Umständen das neuronale Netzwerk eine Assoziation nicht mehr herstellen können wird. Liegt die Eingangsinformation – etwa ein verrauschtes »B« – so weit von einer Mulde entfernt, daß die Kugel auf einem Berggrat, einem Gipfel oder gar auf einer abgewandten Hügelseite zu liegen kommt, so wird diese nicht mehr – oder nicht mehr mit Sicherheit – in die gewünschte Mulde laufen. Das neuronale Netzwerk wird also vielleicht fälschlicherweise ein »D« oder »P« statt des »B« erkennen. Nicht anders kann es ja auch uns selber ergehen, wenn wir einen sehr unsauber geschriebenen Buchstaben entziffern sollen. Auch eine oder mehrere Mulden für die Variante »weiß nicht« kann man sich in diesem Modell eines neuronalen Netzwerkes vorstellen.

Die Form der fiktiven Landschaft wird durch die nach der Hebbschen Regel vorgenommenen Lernvorgänge des neuronalen Netzwerkes bestimmt. Sie ist eine geometrische Veranschaulichung der verschiedenen Synapsenstärken zwischen den einzelnen Neuronen. Jeder Punkt der Landschaft steht für einen Netzzustand, der den Wert aller Synapsenstärken berücksichtigt. Bei einem Hopfield-

Abb. 10: Die Funktionsweise eines neuronalen Netzwerkes läßt sich durch das Rollen einer Kugel in einer Hügellandschaft veranschaulichen. Durch die Berge und Täler sind dabei die verschiedenen synaptischen Gewichte der Neuronenverbindungen repräsentiert. Der Ort der Kugel gibt an, in welchem elektrischen Zustand sich das Netzwerk gerade befindet. Die Mulden der Landschaft entsprechen stabilen Zuständen des neuronalen Netzwerkes, in welche die Kugel rollen und wo sie zum Liegen kommen kann, wenn sie sich vorher im Einzugsbereich der betreffenden Mulde befand. Ein bestimmtes Eingangssignal (Plazieren der Kugel an einer bestimmten Stelle der Landschaft) führt dann also, abhängig von der Topographie, zu einem spezifischen Ausgangssignal (Erreichen einer Mulde). Lernvorgänge muß man sich in diesem Modell als Umgestaltungsvorgänge der Landschaft vorstellen. Dabei können neue Mulden entstehen und auch bestehende Mulden verändert oder gar eliminiert werden.

Netz mit N Neuronen existieren zwischen diesen insgesamt $\frac{N \cdot (N-1)}{2}$ Verbindungsleitungen. Eine Hügellandschaft zur Repräsentation von tausend Neuronen würde also in jedem Punkt die Information über die Stärke von $\frac{1000 \cdot (1000-1)}{2} = 499\,500$ Synapsen repräsentieren.

Beim Lernen verändern sich die Synapsenstärken und somit die »Gedächtnislandschaft«. Eine gut gelernte Information darf man sich als tiefes Tal, eine nur schlecht erinnerbare Information als seichte Mulde vorstellen. Nach einer mehr oder weniger rasanten

Berg-und-Talfahrt wird die »Erinnerungskugel« schließlich auf jeden Fall in einer Senke zur Ruhe kommen. Über flache Mulden würde die Kugel jedoch möglicherweise hinwegschießen. An dieser Stelle deutet sich ein interessanter Aspekt für den Betrieb neuronaler Netzwerke an. Durch die Wahl der Kugelgeschwindigkeit – wie dies in der Praxis geschieht, soll an dieser Stelle nicht weiter verfolgt werden – kann man nämlich vorgeben, wie flach eine Mulde sein darf, damit die Kugel noch von ihr eingefangen werden kann. Zum einen kann eine vergleichsweise flache Mulde ja tatsächlich eine gesuchte Information enthalten, andererseits könnte sie aber auch nur ein Zufallsprodukt der Berg- und Talentstehung sein, das dann von der durch ein benachbartes Tal repräsentierten Information ablenken kann.

Nehmen wir nochmals an, ein Hopfield-Netzwerk würde darauf trainiert, Buchstaben zu erkennen. Die zu einer Matrix angeordneten Neuronen der Netzwerkschicht könnten dann als einzelne schwarze oder weiße Bildpunkte (für »Neuron erregt« oder »Neuron nicht erregt«) geometrische Objekte wie etwa Buchstaben darstellen. Nachdem dem Netzwerk in der Trainingsphase mehrfach nacheinander alle Buchstaben des Alphabets korrekt angeboten worden sind, haben sich schließlich die Synapsenstärken so arrangiert, daß für jeden Buchstaben ein Tal in der Hügellandschaft gebildet worden ist.

Könnte man die Landschaft während dieser Lernvorgänge beobachten, so würde man eine ständige Umformung der Landschaft beobachten: Hänge würden steiler oder sich abflachen, Mulden sich zu tiefen Tälern oder Schluchten entwickeln, Hügel sich auf einer Ebene erheben oder Täler wieder verschwinden. Für ähnlich aussehende Buchstaben werden dabei schließlich benachbarte Täler entstehen. Durch wiederholtes Lernen lassen sich die entsprechenden Täler vertiefen. Das kann allerdings zu Konflikten mit benachbarten Mulden führen.

Wird andererseits ein solches neuronales Netzwerk mit zu vielen Informationen gefüttert, so beginnen sich die verschiedenen Täler zu überlappen. Sie sind dann jeweils weniger stark ausgeprägt, so daß ein korrektes Erinnern schwieriger wird. Mit dem Hügelmodell kann man sich auch das Vergessen von Erinnerungen veranschaulichen: Durch eine Neugestaltung der Gedächtnislandschaft können zuvor entstandene Täler wieder verschüttet werden.

Waren die ersten Erfolge des Rosenblattschen Netzwerkes eher durch »Versuch und Irrtum« erzielt worden – ohne daß man anschließend sagen konnte, warum eigentlich die Sache funktioniert hatte –, so wurde mit dem Hopfieldschen Modell eine tragfähige wissenschaftliche Basis für die Neuro-Netzwerk-Forschung geliefert. Insbesondere viele Physiker und Ingenieure fühlten sich jetzt von dieser Forschungsrichtung angezogen. Sie gewannen die Überzeugung, daß sich mit den Methoden der Naturwissenschaften neuronale Netzwerke verstehen und entsprechende technische Anwendungen – insbesondere zur Mustererkennung – entwickeln lassen würden.

Mit dem unabhängig voneinander durch verschiedene Forschergruppen entwickelten Backpropagation-Verfahren wurde Mitte der achtziger Jahre ein weiterer wichtiger Meilenstein in der Geschichte der Neuro-Netz-Forschung gelegt. Bei neuronalen Netzen, die aus mehreren hintereinanderliegenden Schichten aufgebaut sind, hatte sich nämlich die Frage nach einem geeigneten Lernmechanismus für die zwischen der Eingabe- und der Ausgabeschicht »versteckten« Neuronenschichten gestellt.

Der sogenannte Backpropagation-Algorithmus erlaubt die Anpassung von Synapsen in Netzwerken mit einer beliebigen Anzahl von Schichten. Die Adaptionsvorgänge werden dabei von der Ausgabeschicht rückwärts in das Netz »zurückpropagiert«. Leistungsfähige Mehrschicht-Netze standen nach der Einführung dieses wichtigen Lernverfahrens für einen möglichen Einsatz zur Verfügung. Heute arbeiten die meisten neuronalen Netzwerke mit dem Backpropagation-Verfahren.

Die Neuro-Netz-Forscher haben sich aber noch eine Vielzahl weiterer Netzwerkvariationen ausgedacht – von der neuronalen Kohonen-Karte[1] bis zum sogenannten Counterpropagation-Netzwerk.

[1] Benannt nach dem finnischen Neuro-Netz-Forscher Teuvo Kohonen.

Unterschiedliche Geometrien, verschiedene Lernregeln, Netze mit und ohne Rückkopplung des Ausgangs auf den Eingang – die Spielwiese ist groß und die Forscher studieren, welche Netzwerke für bestimmte Anwendungen am besten geeignet sind. Auch Kombinationen aus unterschiedlich strukturierten Netzen – also Netzen aus neuronalen Netzen – sind möglich. Computerprogramme, mit deren Hilfe man derartige Netze simulieren kann, werden von verschiedenen »Neuro-Firmen« angeboten.

Neuro-Chips und neuronale Software

Als sich die vielfältigen technischen Anwendungsmöglichkeiten der neuronalen Netzwerke immer deutlicher abzuzeichnen begannen, schwappte im Verlauf der achtziger Jahre eine regelrechte Firmengründungswelle über die USA hinweg. Dutzende kleinerer Unternehmen mit so klangvollen Namen wie »NeuralTech« oder »Synaptics« traten mit dem Ziel an, neuronale Soft- und Hardware gewinnbringend zu vermarkten.

Die erste Neuro-Unternehmung wurde allerdings bereits im Jahre 1974 gegründet – mitten in der Zeit der großen Stagnation der Neuro-Netz-Forschung. Damals bedurfte es wohl schon der Autorität eines Nobelpreisträgers, um für ein so gewagtes Unternehmen Kapitalgeber erwärmen zu können. Diese Auszeichnung konnte der Firmengründer Leon Cooper vorweisen: 1972 war Cooper vom Stockholmer Nobelpreiskomitee für seinen Beitrag zur sogenannten BCS-Theorie mit dem Physik-Nobelpreis ausgezeichnet worden. Mit Hilfe der BCS-Theorie (die Buchstaben stehen für die drei an der Ausarbeitung der Theorie beteiligten Wissenschaftler Bardeen, Cooper und Shrieffer; Bardeen war übrigens auch Mitentdecker des Transistors) konnten zum erstenmal die grundlegenden physikalischen Mechanismen verstanden werden, die zur Supraleitung, also der widerstandlosen Leitung von elektrischem Strom, führen.

Am Zustandekommen der Supraleitung sind sehr viele Teilchen in einem Stück Materie beteiligt. Diese beeinflussen sich untereinander über elektromagnetische Kräfte in recht komplexer Weise. Insgesamt ist der Effekt der Supraleitung jedenfalls ein »kollektives Phänomen«, für das die Wechselwirkung einer sehr großen Anzahl von Einzelkomponenten (Atomkerne und Elektronen) verantwortlich ist.

Cooper, der sich schon immer auch für biologische Fragestellungen interessiert hatte, erkannte die Analogie zwischen den aus vielen Atomen zusammengesetzten Festkörpern und den aus vielen Neuronen aufgebauten Hirnen. Die Übertragung mathematischer Modelle aus der Festkörperphysik auf Nervensysteme drängte sich ihm auf. Mithin war John Hopfield nicht der erste gewesen, der Konzepte aus der Physik in die Neuro-Netz-Forschung eingebracht hat. Es mag vielleicht an der größeren Anschaulichkeit der Hopfieldschen Darstellung – oder auch am Zeitgeist – gelegen haben, daß er und nicht bereits Cooper die Renaissance der neuronalen Netze eingeläutet hat. Neue Ideen können auch zu früh kommen.

Auf die Frage, warum sich denn erst im Verlauf der achtziger Jahre ein größeres Interesse für neuronale Netzwerke entwickelt hat, antwortet Cooper jedenfalls: »Das ist eine Frage der Mode. So wie die Röcke der Frauen mal kürzer und mal länger sind, so gibt es auch in der Forschung Gebiete, die einmal völlig unbeachtet sind, dann plötzlich sehr populär werden oder auch wieder von der Bühne der Wissenschaft verschwinden. Im Falle der neuronalen Netze hoffe ich natürlich, daß das große Interesse nicht wieder nachlassen wird.« Auf einen Modezug aufgesprungen zu sein wird man Cooper jedenfalls nicht vorwerfen können.

Zwei Jahre nach der Verleihung des Nobelpreises gründete also Cooper eine Firma in Providence, der Hauptstadt des amerikanischen Bundesstaates Rhode Island, wo er auch weiterhin als Professor an der Brown University lehrt. Benannt wurde die Firma nach einer Königsfigur der griechischen Mythologie – dem für seine Weisheit berühmten Nestor. Heute beschäftigt die Firma Nestor zirka dreißig Mitarbeiter und besitzt inzwischen auch eine europäische Niederlassung in Frankreich.

Begonnen hatten die Aktivitäten bei Nestor mit der Entwicklung

Abb. 11: Nobelpreisträger und Unternehmer: Der Physiker Leon Cooper ist seit 1974 Chef der Neuro-Computer-Firma Nestor in Providence. Im Jahre 1972 hatte er den Physik-Nobelpreis für eine Arbeit über Supraleitung erhalten.

eines Systems zur Identifikation von Handschriften. Cooper erinnert sich heute, daß er mit den aus der Physik entlehnten Methoden letztlich doch nicht so viel anfangen konnte, wie zunächst gedacht. »Ich habe dann für die neuronalen Netzwerke neue Modelle entwickkelt, die völlig verschieden von jenen sind, mit denen ich zuvor in der Physik zu tun hatte.« Vielleicht möchte er sich mit einer solchen Aussage auch ein wenig von solchen Forschern abgrenzen, die sich in seinen Augen zu eng an aus der Physik übernommene Vorstellungen klammern.

Bereits 1984 wurde das Buchstaben-Lesesystem von Nestor mit 2500 japanischen Schriftzeichen trainiert, und heute können Besucher der Firma bereits mit einem kleinen Laptop-Computer spielen, der mit einem Griffel per Hand auf den Bildschirm geschriebene Buchstaben identifizieren kann.

Kleincomputer, die ohne Tastatur auskommen, weil sie handschriftliche Eingaben verstehen können, sind seit 1991 im Handel erhältlich. Sie arbeiten allerdings in der Regel ohne neuronale Netzwerke und erkennen die Buchstaben durch eine konventionelle »character-recognition«-Software. Wer heute Buchstaben auf einen solchen Laptop kritzelt, wird noch recht häufig als Antwort ein Fragezeichen von dem Computersystem erhalten. Durch die Verwendung neuronaler Netze könnte sich aber in Zukunft vielleicht der Prozentsatz richtig erkannter Buchstaben noch weiter steigern lassen. Bei Nestor geht man davon aus, daß langfristig – bei gleicher Leistungsfähigkeit – ein neuronales Buchstaben-Erkennungssystem preiswerter sein wird. Die Neurotechnologie stecke vergleichsweise noch in ihren Kinderschuhen, und auch hier werde es, wie bei der konventionellen Computertechnologie, im Laufe der Zeit zu einem exponentiellen Preisverfall kommen. Nur Zweckoptimismus eines Unternehmens? Man wird sehen.

Der Einsatz neuronaler Netzwerke als intelligente Entscheidungshilfe ist ein weiteres Anwendungsgebiet, das man sich bei Nestor auf die Fahnen geschrieben hat. Hier geht es zum Beispiel darum, daß Bankinstitute von neuronalen Netzen eine zuverlässige automatische Entscheidung erhoffen, ob sie einem bestimmten Kunden einen Bankkredit gewähren sollten oder besser nicht. Auch für andere mit Risiken behaftete Unternehmensentscheidungen, bei denen man auf einen durch Daten ausdrückbaren Erfahrungsschatz zurückgreifen kann, versucht man bei Nestor mit neuronalen Netzen Hilfestellung zu leisten.

Im kalifornischen San Diego, am anderen Ende des amerikanischen Kontinents, sitzt mit der Neuro-Firma HNC ein wichtiger Konkurrent der Ostküstenfirma Nestor. Die Abkürzung HNC steht für Hecht-Nielsen-Neurocomputing-Corporation.

Diese Firma wurde von Robert Hecht-Nielsen im September 1986 gegründet und beschäftigt heute rund siebzig Angestellte. Sie vermarktet zum Beispiel Neuro-Netz-Zusatzplatinen für herkömmliche Computer. Die mit herkömmlichen Mikroprozessoren bestückten

Neuro-Platinen können mit großer Geschwindigkeit das Verhalten von Netzwerken aus mehreren zehntausend Neuronen simulieren. Die Rechengeschwindigkeit läßt sich so mit der leistungsstärksten Karte bis auf über eine Milliarde Rechenoperationen in der Sekunde (Flops) steigern. Damit kann sich ein mit der Zusatzplatine ausgestatteter PC bei bestimmten Spezialproblemen zur Leistung eines Großrechners aufschwingen.

Abb. 12: Neuro-Unternehmer und Dozent: Robert Hecht-Nielsen, Chef der 1986 gegründeten Neuro-Firma HNC (San Diego), führt nebenbei als Universitätsdozent Studenten in die Theorie der neuronalen Netze ein.

Ansonsten bietet auch HNC Neuro-Software zur Datenanalyse und Prognose, Systeme zum Lesen von Handschriften sowie neuronale Netze zur optischen Analyse von Objekten an. Stolz verweist Hecht-Nielsen darauf, daß seine Firma auch Kunden in Japan hat. So hat etwa Sumitomo Heavy Industries von HNC ein System zur Inspektion von Äpfeln gekauft. Das neuronale Netz erhält als Eingabe-Information die farbigen Bilder der auf einem Band vorbeilaufenden Äpfel aus drei verschiedenen Perspektiven. Dann muß das Netzwerk recht flink entscheiden, ob der betreffende Apfel in Ordnung ist oder aussortiert werden muß – in jeder Sekunde rasen drei Äpfel an dem System vorbei.

In Europa gibt es bislang nur eine mit den mittelständischen Neuro-Unternehmen in den USA vergleichbare Firma: das 1990 in Paris gegründete Unternehmen Mimetics, mit derzeit rund dreißig Mitarbeitern. Hier werden – zum Teil durch Nutzung bestimmter Hardware-Komponenten der Firmen Philips und Siemens – Neuro-Systeme für Anwendungen in der Industrie, beim Militär, in der Weltraumtechnik sowie für Banken und Versicherungen entwickelt.

Viele kleinere Firmen beschränken sich darauf, ausschließlich Software-Produkte anzubieten, die neuronale Netze auf gewöhnlichen Computern nachahmen. Tatsächlich läßt sich eine Vielzahl von Aufgaben bereits so viel effizienter als mit konventioneller Software lösen. Entsprechende Produkte machen heute den weitaus größeren Anteil des vermarkteten Neuro-Netz-Know-hows aus. Doch viel größere Verarbeitungsgeschwindigkeiten darf man natürlich von Chips erwarten, die das Verhalten von vielen Neuronen gleichzeitig nachbilden.

Der erste hochintegrierte Neuro-Chip wurde 1985 im California Institute of Technology konstruiert. Bei diesem von Professor Carver Mead und seinen Mitarbeitern entwickelten Chip waren auf einer Fläche von etwas weniger als einem Quadratzentimeter 22 »Neuronen« mit insgesamt 462 synaptischen Verbindungen realisiert. Ähnliche Chips mit 54 »Neuronen« und 2862 Synapsen wurden wenig später von Lawrence Jackel in den Forschungslabors der amerikanischen Telefongesellschaft AT&T bei New York hergestellt.

Diese Chips waren eine elektronische Nachbildung eines Hopfield-Netzwerks. Das heißt, jedes Silizium-Neuron war auf dem Chip mit jedem anderen über eine elektronische Synapse verbunden. Die Neuronen wurden auf dem Siliziumchip durch kleine, mit analogen Spannungen arbeitende Verstärker repräsentiert. Die Verbindungen zwischen diesen Verstärkern – die Synapsen – wurden auf dem Chip durch elektrische Widerstände gebildet.

Diese Widerstände besaßen allerdings eine feste Größe, die bei der Herstellung vorgegeben wurde und später im fertigen Chip nicht mehr verändert werden konnte. Der Chip konnte zwar durch eine geeignete Festlegung der Widerstände als Assoziativ-Speicher arbeiten und ermöglichte die Untersuchung des dynamischen Verhaltens eines wirklich parallel arbeitenden Hopfield-Netzes. Wegen der fest vorgegebenen Synapsenstärken war er jedoch nicht lernfähig.

Ein lernfähiger Neuro-Chip muß jedoch zwischen den Silizium-Neuronen Leitungswiderstände besitzen, die sich gemäß einer Lernregel verändern lassen. Eine Möglichkeit bieten hier sogenannte Feldeffekt-Transistoren, deren Durchgangswiderstand davon abhängt, wie viele elektrische Ladungen an einem Steuereingang versammelt sind. Soll der Widerstand einer aus diesem Bauelement gebildeten Synapse während eines Adaptions- oder Lernvorganges verringert – also die Verbindung verbessert – werden, so werden von einer »Lernelektronik« zusätzliche Elektronen auf den Steuereingang des Transistors gebracht. Dort bleiben sie gespeichert und verursachen eine dauerhafte Verringerung des synaptischen Widerstandes. Erst wenn durch Lernvorgänge weitere Ladungsträger zugeleitet oder abgezogen werden, ändert sich der Widerstand der Synapse wieder entsprechend.

Neben dieser Möglichkeit der Realisierung von Silizium-Synapsen gibt es eine ganze Reihe anderer technologischer Konzepte. Auf der seit 1990 jährlich stattfindenden internationalen Fachtagung »Microelectronics for neural networks« werden die verschiedenen Ansätze vorgestellt und diskutiert.

Mittlerweile ist eine ganze Vielfalt unterschiedlich arbeitender Neuro-Chips entwickelt worden. Die Forscher sind dabei nicht nur bemüht, immer mehr Neuronen und Synapsen auf einem Chip unterzubringen, es gilt auch, möglichst viele Operationen in der Sekunde ausführen zu können, um möglichst kurze Lernzeiten zu erzielen.

So hat etwa die Firma Adaptive Solutions in Portland (Oregon) 1991 einen digital arbeitenden Chip mit 1024 Neuronen vorgestellt, der 1,6 Milliarden Synapsen pro Sekunde verändern kann. Ein von

Abb. 13: Neuronen aus Silizium: Dieser von der kalifornischen Firma Synaptics entwickelte Neuro-Chip soll unter anderem zum automatischen Lesen von Schecks eingesetzt werden. Äußerlich sind Neuro-Chips praktisch nicht von anderen Mikro-Chips zu unterscheiden.

der Firma Intel angebotener Chip bringt es gar auf 2,3 Milliarden synaptischer Schaltungen in der Sekunde, kann dafür aber nicht direkt auf dem Chip lernen.

Von der Entwicklung eines neuronalen Netzwerkes mit 1152 Silizium-Neuronen berichtete die japanische Firma Hitachi im Jahre 1991. Diese Neuronen waren jedoch nicht auf einem einzelnen Chip, sondern auf acht zusammengeschalteten Waferscheiben untergebracht. Als Wafer bezeichnet man jene dünnen Siliziumplättchen, auf denen normalerweise in einem Herstellungsprozeß gleich Hunderte nebeneinanderliegender Chips produziert werden. Der Durchmesser jedes der acht Waferscheiben beträgt 12,7 Zentimeter. Auf jeder von ihnen sind 144 Silizium-Neuronen realisiert. Das Hitachi-Neuro-Netzwerk arbeitet ebenfalls digital und kann 2,3 Milliarden synaptische Verbindungen pro Sekunde einstellen.

Diesen Mehr-Wafer-Neuro-Computer haben die Hitachi-Forscher beispielsweise auf das Überprüfen von Unterschriften trainiert – eine ganz und gar nicht leichte Aufgabe. In nur zwei Sekunden kann das System die Echtheit einer Unterschrift prüfen.

Mittlerweile haben die Hitachi-Forscher sogar einen gleichgroßen Wafer vorgestellt, auf dem bereits 576 Silizium-Neuronen miteinander verschaltet sind. Und auch diese Wafer lassen sich noch zu größeren Netzwerken verschalten. In den nächsten Jahren werden wir wohl noch öfter von neuen Rekorden in Sachen Neuro-Chips hören.

Auch in Deutschland sind bereits Neuro-Chips entwickelt worden. Professor Karl Goser vom Lehrstuhl für Bauelemente der Elektronik an der Universität Dortmund hat 1990 einen aus 64 Silizium-Neuronen bestehenden lernfähigen Chip vorgestellt, der als assozia-

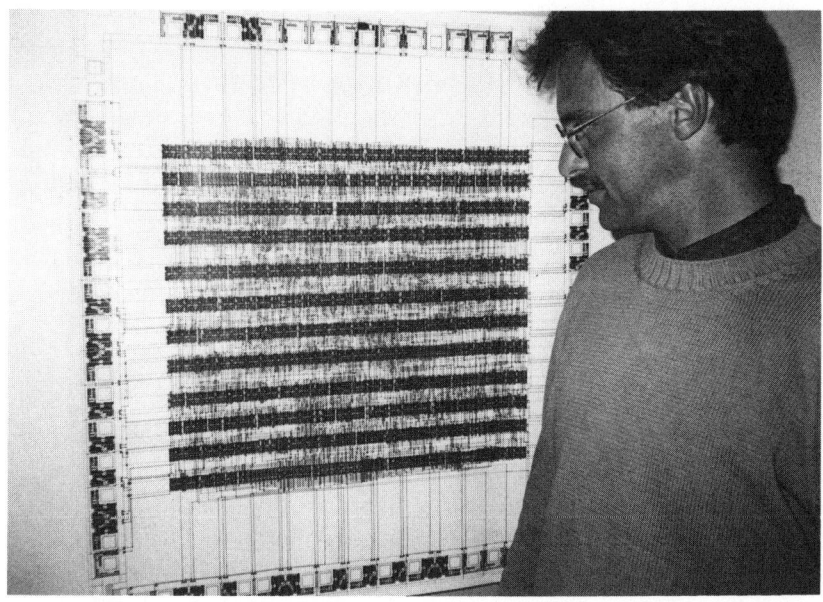

Abb. 14: Schaltplan eines Neuro-Chips: Ein Mitarbeiter von Professor Karl Goser (Universität Dortmund) präsentiert die Schaltungsskizze eines Neuro-Chips. Mit Hilfe von 40 000 Transistoren wurden auf diesem Chip 64 »Silizium-Neuronen« realisiert.

tiver Datenspeicher eingesetzt werden kann. Auf einer Fläche von sieben mal acht Millimetern sind insgesamt 40 000 Transistoren untergebracht, die das Verhalten der Neuronen und Synapsen nachahmen.

Der Dortmunder Chip arbeitet in Analogtechnik, das heißt, die Größe der in dem Neuronen-Netz auftretenden Signale wird durch Spannungen nachgeahmt, die eine entsprechende Höhe besitzen – so wie auch unterschiedlich laute Töne durch entsprechend unterschiedlich hohe Spannungen am Lautsprecherausgang eines Radios erzeugt werden.

Demgegenüber ist an der Technischen Hochschule Darmstadt unter Leitung von Professor Manfred Glesner ein digital arbeitender Neuro-Chip mit 32 Neuronen entworfen und dann 1991 von der Firma Siemens in einer Kleinserie hergestellt worden. Der auf den Namen Bacchus getaufte Neuro-Chip geht auf eine Idee des an der Universität Ulm arbeitenden Wissenschaftlers Günter Palm zurück, der in den achtziger Jahren wichtige theoretische Beiträge zur Theorie der neuronalen Assoziativ-Speicher geliefert hat.

Beim Bacchus-Chip werden die synaptischen Gewichte außerhalb des eigentlichen Neuro-Chips als digitale Zahlenwerte in handelsüblichen Computer-Speicherchips abgelegt. Man hätte diesen Datenspeicher zwar auch auf dem Bacchus-Chip integrieren können. Angesichts der heute sehr preiswert erhältlichen digitalen Speicherchips wäre dies jedoch viel teurer geworden, ohne dafür deutliche Vorteile zu bringen.

Der Bacchus-Chip selbst »berechnet« dann das funktionelle Verhalten von 32 Neuronen, die sich jeweils in einem An- oder Aus-Zustand (digital Eins oder Null) befinden können. Werden bei Lernvorgängen Synapsen modifiziert, so müssen auch die entsprechenden Zahlenwerte im Speicher verändert werden.

Offensichtlich ist eine solche technische Realisierung eines neuronalen Netzwerkes weiter vom – keineswegs digital arbeitenden – biologischen Vorbild entfernt als ein Analog-Neuro-Chip, der »materiell« existierende Synapsen kontinuierlich verändern kann.

Insbesondere in der HiFi-Technik hat sich der Begriff »digital«

gleichsam als Gütezeichen etabliert (siehe den Siegeszug der digital arbeitenden CD-Player). In der Neuro-Chip-Technologie ist aber die Frage unter den Forschern durchaus umstritten, ob eine digital oder eine analog arbeitende Schaltungselektronik die geeignetere ist.

Ein digitaler Neuro-Chip arbeitet zwar in gewisser Weise umständlicher und grundsätzlich langsamer als ein entsprechender Analog-Chip. Doch wird heute die Entwicklung und Herstellung von Digital-Chips viel besser beherrscht als die entsprechende Analog-Technologie. Dafür ist zum einen der große Erfahrungsschatz verantwortlich, der im Laufe vieler Jahre mit der Produktion von digital arbeitenden Computern gewonnen werden konnte. Zum anderen ist der Entwurf eines Chips mit Analog-Schaltkreisen aus physikalischen Gründen grundsätzlich viel komplizierter, weil – im Gegensatz zur digitalen Elektronik – die Größe der einzelnen Bauelemente eine entscheidende Rolle für das richtige Funktionieren der Schaltung spielt.

Ein weiterer Vorteil digitaler Neuro-Chips besteht darin, daß sie die »gleiche Sprache« wie die heutigen Computer sprechen. Digitale Neuro-Chips könnten daher einfacher in herkömmliche Computer integriert werden – zum Beispiel als assoziative Datenspeicher oder als Co-Prozessor.

So wurde denn 1992 auch von der Firma Siemens der Prototyp eines digital arbeitenden Neuro-Chips vorgestellt, der unter der Leitung von Ulrich Rammacher entwickelt worden ist. Dieser recht flexible Chip wird in der Lage sein, alle gängigen Netzwerkstrukturen zu simulieren und rund 800 Millionen synaptische Operationen in der Sekunde durchzuführen.

──── Die Welt der neuronalen Netze ────

Neuronale Netze sind eine junge und außerordentlich innovative Technologie. Dennoch verwenden in den USA bereits über 80 Prozent der 500 umsatzstärksten Unternehmen in der einen oder anderen Weise neuronale Technologie.

In Deutschland beschäftigen sich viele Firmen erst mit der Frage, ob neuronale Netze auch bei ihnen sinnvoll eingesetzt werden könnten. Durch die Fachpresse aufmerksam gewordene Manager suchen derweil Unternehmensberater auf, um sich über mögliche Anwendungen zu informieren. Mithin darf es nicht verwundern, daß Manager noch recht einsilbig reagieren, wenn sie gefragt werden, ob in ihrem Unternehmen bereits neuronale Netzwerke eingesetzt werden, und wenn ja, wozu und mit welchem Erfolg. Schließlich will man der Konkurrenz nicht unnötig Informationen über den Stand der eigenen Entwicklung geben, die in der Zukunft für die Marktposition entscheidend sein könnten.

Da haben es Entwicklungsingenieure auch nicht leicht, ihre Chefs davon zu überzeugen, wie sinnvoll es wäre, relevante Forschungsergebnisse auf Fachtagungen vorzustellen. Forschungsprojekte, die sich militärischen Anwendungen neuronaler Netze widmen, unterliegen ohnehin strenger Geheimhaltung. Über den Stand dieser, insbesondere in den USA verfolgten Entwicklungsarbeiten, lassen sich daher nur Vermutungen anstellen.

Es ist somit unmöglich, einen auch nur annähernd vollständigen Überblick über die derzeit tatsächlich realisierten oder in der Entwicklung befindlichen Neuro-Netz-Systeme zu geben. Dennoch soll dieses Kapitel einen Eindruck von den außerordentlich vielfältigen Anwendungsmöglichkeiten vermitteln. Denn zumindest Universitätsprofessoren und deren Mitarbeiter sowie Unternehmer, die neuronale Netze kommerziell vertreiben, sind bereit und in der Lage, die Möglichkeiten dieser neuen Technologie zu beschreiben. Auf den von ihnen erhaltenen Auskünften basiert dieses Kapitel zum überwiegenden Teil.

Assoziativ-Speicher und Mustererkennung

Ein alltäglicher Vorgang: In einem Finanzamt möchte ein Sachbearbeiter einen Vorgang im Computer aufspüren. Dazu benötigt er bei einem herkömmlichen System genaue Angaben über den betreffenden Steuerzahler. Doch in den Finanzämtern in Nordrhein-Westfalen reicht dazu inzwischen auch eine unvollständige oder sogar ein wenig abgewandelte Eingabe des Namens. Das Computerprogramm erkennt dann bereits, wer gemeint ist. Diese Fähigkeit verdankt das Datenverwaltungsprogramm einem neuronalen Assoziationsspeicher, der von einem Computerprogramm simuliert wird.

Auch ein großes deutsches Versandhaus hat die Möglichkeiten erkannt, die in dieser leistungsfähigen Technologie stecken. Dort wird die umfangreiche Kundendatei inzwischen von einem neuronalen Netzwerk verwaltet. Mit Hilfe des Assoziativ-Speichers können in der Datei schnell Dubletten aufgefunden und beseitigt werden, bei denen – bedingt etwa durch Schreibfehler – ein Kunde mehrfach in der Datenbank geführt wird. Doch diese »Durchforstung« des Adressenbestandes ist nur eine Anwendungsmöglichkeit.

Überdies können mit der neuronalen Software zahlungsunwillige Kunden ausgetrickst werden. Ein Kunde, der Ware bestellt und nicht bezahlt, muß zwar im allgemeinen davon ausgehen, fortan von der Firma nicht mehr (per Rechnung) beliefert zu werden – auch wenn er noch so sorgfältig seinen Bestellzettel ausfüllt. Doch diese Sperre ließ sich ab und an umgehen. War nämlich der Name oder die Adresse verfälscht, so erreichte die Ware dennoch den Besteller, solange der Postbote aufgrund seiner Ortskenntnis den Empfänger noch identifizieren konnte. Dieser Trick funktioniert nun aber nicht mehr: Das neuronale Netzwerk erkennt die Ähnlichkeit von zwei Adressen auch bei einem sehr großen Datenbestand sofort.

Welcher Benutzer eines Computers hat sich nicht schon einmal darüber geärgert, daß er wegen eines Tippfehlers einen Befehl nochmals eingeben mußte. Schreibt man zum Beispiel versehentlich PRIMT statt des korrekten PRINT, so erscheint auf dem Monitor die Antwort »unbekannter Befehl«, und man muß die fünf Buchstaben korrekt wiederholen.

Daß uns der Computer dabei so außerordentlich dumm erscheint, hängt wohl damit zusammen, daß ein Mensch sofort erkennen würde, daß nur der Befehl PRINT gemeint sein kann. Auch hier gibt es inzwischen intelligente Software-Lösungen (mit, aber auch ohne Verwendung von neuronalen Netzen), die das vom Anwender gemeinte Wort erkennen beziehungsweise im Zweifelsfall noch einmal nachfragen.

Assoziative Datenspeicher, die kleine Eingabefehler tolerieren, lassen sich grundsätzlich in vielen Bereichen sinnvoll einsetzen. In einer Bibliothek könnte man zum Beispiel ein Buch ausleihen, auch wenn man den Titel nur ungefähr kennt. Oder wie wäre es, wenn ein neuronales Netz mit dem Datenbestand aller Telefonbücher eines Landes gefüttert würde und man auf einzelne Teilnehmer assoziativ zugreifen könnte. Und ein Pastor wäre sicherlich erfreut, wenn ein neuronaler Datenspeicher nach Eingabe eines sinngemäßen Bibelzitats sofort die entsprechende Stelle der Heiligen Schrift nennt. Jeder kann sich leicht ausmalen, daß neuronale Netze in vielen anderen Fällen ähnlich eingesetzt werden könnten.

Man darf erwarten, daß Computer schon in wenigen Jahren neben den herkömmlichen Datenspeichern auch mit neuronalen Speicher-Chips ausgerüstet sein werden. Diese werden außer der eigentlichen Funktion der Datenspeicherung zusätzlich auch das Leistungsmerkmal »Assoziationsfähigkeit« besitzen. Diese Eigenschaft wird um so mehr an Bedeutung gewinnen, je größer die zu speichernden Informationsmengen werden. Denn was nützt der größte Datenspeicher, wenn man eine gesuchte Information wie die berühmte Nadel im Heuhaufen nur nach unzumutbar langem Suchen wieder ausfindig machen kann? So wie es aussieht, dürfte die Menge der elektronisch gespeicherten Daten künftig immer schneller wachsen.

Neuronale Netze können dem Nutzer eines Computers noch in einer ganz anderen Weise hilfreich sein. Sie lassen sich nämlich zum Aufspüren von gefährlichen Computerviren nutzen. Computerviren sind raffinierte Programme, die in anderen Programmen oder Dateien versteckt worden sind. Meist sind sie von ihrem Programmierer mit der Eigenschaft ausgestattet worden, sich zu »vermehren« und weitere Programme zu befallen.

Zu einer wirklichen Gefahr werden die Viren aber erst, wenn sie letztendlich darangehen, eine bestimmte Schadensfunktion zu aktivieren. Das kann zum Beispiel bedeuten, daß an einem bestimmten Tag die Festplatte des Computers mit allen darauf gespeicherten Dateien gelöscht wird. Zwar gibt es inzwischen zahlreiche Anti-Viren-Programme, die in der Lage sind, Viren in einem Computer aufzuspüren und zu vernichten. Doch die hinterhältigen Viren-Programmierer lassen sich immer neue Finessen einfallen, damit ihre »Software-Geschöpfe« von den Anti-Viren-Programmen möglichst nicht gefunden werden können.

Seit einiger Zeit sind sogar »mutierende« Computer-Viren bekannt, die sich bei ihrer Vermehrung eigenständig verändern können. Dadurch entstehen immer neue Viren, die den Anti-Viren-Programmen zunächst unbekannt sind. Sie dennoch zu erkennen ist mit konventionellen Methoden recht schwierig.

Wie jedes Programm besteht auch ein Virus aus einer Folge von Nullen und Einsen, die vom Prozessor des Computers als Befehle interpretiert werden. Bei der Mutation eines Virus wird das zuvor existierende Muster aus Nullen und Einsen teilweise verändert. Der so entstandene »Baby-Virus« hat aber durchaus noch eine recht große Ähnlichkeit mit seiner »Mutter«.

An dieser Stelle ist die Assoziationsfähigkeit von neuronalen Netzwerken gefragt. Würde man einem Neuro-Netz die Muster der bekannten Viren beibringen, so sollte es später auch abgewandelte Befehlsmuster entdecken können, die durch Mutation aus einem der Ursprungs-Viren hervorgegangen sind.

Professor Eberhard Schöneburg von der Berliner Firma Expert Informatik machte die Probe aufs Exempel. Er trainierte ein neuronales Netzwerk mit verschiedenen Viren, unter anderem mit dem Jerusalem-Virus, dem Vienna-Virus, dem Datacrime-Virus und dem Island-Virus. Dann wurden dem neuronalen Assoziativ-Speicher verschiedene Mutanten dieser Viren angeboten.

Das Resultat: Alle Variationen dieser Viren blieben tatsächlich im neuronalen Netz »hängen«. Das heißt, es konnten Viren aufgespürt werden, die das Netzwerk noch nie zuvor gesehen hatte. Selbst bei einer recht starken Veränderung der ursprünglichen Virus-Gestalt von bis zu vierzig Prozent konnte das neuronale Netz noch in mehr als 95 Prozent der Fälle das Datenmuster als Virus erkennen. Computer-Viren werden es also künftig schwerer haben, unerkannt zu bleiben, wenn erst neuronale Netze Jagd auf sie machen.

Das Erkennen oder Wiedererkennen von Computer-Viren, die ja nur »Würmer« aus den Ziffern »0« und »1« darstellen, ist noch eine vergleichsweise leichte Aufgabe. Viel schwieriger wird es, wenn es darum geht, menschliche Gesichter zu identifizieren. Doch auch das ist mit Hilfe neuronaler Netzwerke heute bereits möglich.

Ein besonders leistungsfähiges System, das sich an gelernte Gesichter »erinnern« kann, ist von Professor Christoph von der Malsburg und seinen Mitarbeitern an der Universität Bochum entwickelt worden. Mit Hilfe eines Transputer-Netzwerkes aus 32 Mikroprozessoren ahmen sie das Verhalten von Nervenzellen des sogenannten primären Sehfeldes der Großhirnrinde nach.

Das »Facerec« (für »face recognition« = Gesichtserkennung) genannte System ist in der Lage, Gesichter auch dann wiederzuerkennen, wenn diese – verglichen mit der ursprünglich gelernten Vorlage – eine andere Größe besitzen, ein wenig verschoben oder gedreht sind. Auch leichte Veränderungen des Aussehens – neue Brille, Dreitagebart oder ein trauriger statt eines fröhlichen Blicks – bereiten dem cleveren Neuro-Netzwerk keine Probleme.

Derzeit sind in dem Netzwerk die Gesichter von rund hundert Personen gespeichert. Werden die Betriebsparameter so gewählt, daß kein unbekanntes Gesicht versehentlich »wiedererkannt« wird, so beträgt die Trefferquote des Systems immerhin rund 85 Prozent.

Das heißt, wird der Videokamera von Facerec das Gesicht einer Person präsentiert, die dem System bekannt ist, so wird sie im ersten Anlauf auch in 85 Prozent der Fälle richtig identifiziert.

Daß sich 32 vernetzte Mikroprozessoren in puncto Gesichtserkennung noch lange nicht mit einem Gehirn messen können, zeigt nicht nur die verglichen mit dem menschlichen Erinnerungsvermögen schlechte Trefferquote. Das System ist auch viel langsamer als ein Gehirn. Um sich an eine gespeicherte Person zu erinnern, benötigt es immerhin eine Rechenzeit von rund einer halben Minute. Doch die Leistungsfähigkeit wird sich, da sind die Entwickler des neuronalen Gesichter-Erkennungssystems ganz optimistisch, noch gewaltig steigern lassen.

Das in »Facerec« steckende Know-how soll über die 1992 gegründete Firma GNI (Gesellschaft für angewandte Neuroinformatik) vermarktet werden. Ein mögliches Produkt wäre ein »elektronischer Pförtner«, der automatisch eine Zutrittsberechtigung durch »Gesichtskontrolle« durchführen kann. Die Toleranz gegenüber leichten Veränderungen des Erscheinungsbildes ist dabei natürlich eine wichtige Voraussetzung. Schließlich wird niemand bei einer optischen Inspektion jedesmal aus genau der gleichen Entfernung, unter dem gleichen Winkel und mit der gleichen Mimik in die Kamera blicken.

Ein System, das in der Lage ist, menschliche Gesichter wiederzuerkennen, sollte erst recht in der Lage sein, verschiedene Werkstücke auf einem Fließband automatisch zu erkennen. Auch an solche Anwendungen wird bei der Firma GNI gedacht.

Je mehr verschiedene Werkstücke oder Gesichter im Facerec-System gespeichert werden, desto wahrscheinlicher wird es aber, daß verschiedene Personen beziehungsweise Objekte vom System verwechselt werden können, weil sie sich zu ähnlich sehen. Zumindest im Fall der Zutrittskontrolle ist hier jedoch eine Alternative denkbar, bei der dieses Problem nicht auftritt: Man nehme eine Magnetkarte, wie sie heute als Dokument zur Legitimation bereits weit verbreitet ist. Auf dem Magnetstreifen – oder auch einem eingebauten Mikrochip – speichere man in Form von Zahlenwerten jene synaptischen Gewichte, die sich ein neuronales Netzwerk vom Gesicht des Karteninhabers gemacht hat. Das heißt: In einer neuronalen Codierung ist auf dem Magnetstreifen das Gesicht des Karteninhabers gespeichert. Schiebt er nun diese Karte in ein mit einem Neuro-Netz arbeitenden Kontrollsystem ein, das gleichzeitig über eine Kamera sein Gesicht betrachtet, so kann es das tatsächliche mit dem auf der Karte gespeicherten Gesicht vergleichen. Sehen sich reales und gespeichertes Gesicht so ähnlich, daß sie als zur gleichen Person gehörig identifiziert werden, so kann beispielsweise Einlaß gewährt werden oder ein Geldautomat wird die Geldscheine herausgeben. Mit gestohlenen Berechtigungskarten könnte dann ein Unbefugter nichts mehr anfangen.

Neben Gesichtern lassen sich zur Identifizierung einer Person auch andere Merkmale überprüfen – etwa das Muster eines Fingerabdruckes oder das der Augeniris. Auch eine akustische Identifizierung über die Stimme der betreffenden Person ist möglich.

Alle Verfahren haben in der Praxis spezifische Vor- und Nachteile. Eines ist ihnen jedoch gemein: Immer geht es darum, komplizierte optische oder akustische Muster zu erkennen, so daß sich hier in allen Fällen neuronale Netzwerke als Helfer anbieten. Denkbar ist natürlich auch, daß neuronale Netzwerke gleich mehrere dieser für eine Person charakteristischen Merkmale checken und nur dann ihr Okay geben, wenn alle Einzelprüfungen erfolgreich verlaufen.

Das Wiedererkennen einzelner Werkstücke, die beim Bau eines Flugzeugs verwendet werden, ist ein Problem der Mustererkennung, für das der amerikanische Luftfahrtkonzern Boeing neuronale Netzwerke einsetzt. Dabei geht es nicht, wie man zunächst vielleicht denken könnte, darum, in einem riesigen Ersatzteillager ein gesuchtes Werkstück aufzuspüren; das schafft man auch ganz gut ohne neuronale Netze. Schwieriger ist es jedoch, aus einer großen Zahl bereits entwickelter Flugzeugkomponenten jene zu identifizieren, die sich beim Bau eines neuen oder der Umrüstung eines alten Flugzeuges wiederverwenden lassen. Dadurch kann unnötige Entwicklungsarbeit und Geld eingespart werden.

Bei der Entwicklung des Jumbo-Jets waren von den Entwicklungsingenieuren ungefähr 150 000 Bauteile einzeln entworfen worden. Später stellte sich dann heraus, daß viele dieser Teile wenn nicht völlig identisch, so doch wenigstens sehr ähnlich geformt waren. Mit herkömmlichen Computern war es aber nicht möglich, aus einem so großen Archiv von Bauteilen jene an ihrer Form zu erkennen, die sich für den aktuellen Bedarf nochmals nutzen ließen. Also wurde vieles doppelt konstruiert.

Im Jahre 1989 hatte dann der Boeing-Forscher Thomas Caudell die Idee, die Erinnerungsfähigkeit neuronaler Netze zu nutzen, um künftig bei der Entwicklung neuer Bauteile auf die Designdaten bereits existierender Elemente zurückgreifen zu können – eine sehr lukrative Anwendung neuronaler Netze.

Das Problem des Re-Designs tritt jedoch nicht nur bei der Konstruktion von Flugzeugen auf. Überall, wo komplizierte technische Anlagen entworfen werden, besteht die Gefahr, daß das Rad ein zweites Mal erfunden wird. Eine von verschiedenen amerikanischen Industrieunternehmen durchgeführte Studie kam zu dem erstaunlichen Ergebnis, daß rund zwanzig Prozent der in der Industrie neu entwickelten Bauteile Kopien bereits existierender Werkstücke sind. Bei weiteren 18 Prozent bestehen nur geringfügige Unterschiede zu bereits verfügbaren Teilen. Mithin schlummert in diesem Bereich offenbar noch ein beachtliches Rationalisierungspotential, das mit Hilfe neuronaler Netze erschlossen werden könnte.

Auf der Suche nach dem Optimum

Wohl jeder Student der Betriebswirtschaftslehre ist im Laufe seines Studiums schon einmal mit dem berühmten Problem des Handlungsreisenden konfrontiert worden: Ein Geschäftsmann möchte eine bestimmte Zahl von Städten besuchen und versucht die optimale Strecke zu ermitteln. Ziel ist also, einen möglichst kurzen Verbindungsweg zu finden.

Diese Aufgabe hört sich recht einfach an, doch der Schein trügt:

An diesem Problem könnten sich Computer die Zähne ausbeißen, wenn sie welche hätten. Mit der Zahl der Städte wächst die Anzahl der möglichen Reisewege nämlich rasend schnell. Bei n Städten gibt es $\frac{(N-1)}{2}!$[1] mögliche Streckenführungen – schon bei nur 15 Städten ergibt das mehr als 43 Milliarden mögliche Wege. Bei 30 Städten ist die Zahl der Möglichkeiten bereits 30stellig. Erst vor kurzem ist es Mathematikern gelungen, mit Hilfe von sehr ausgefeilten Programmiertechniken und Supercomputern dieses Problem für eine größere Zahl von Städten zu lösen.

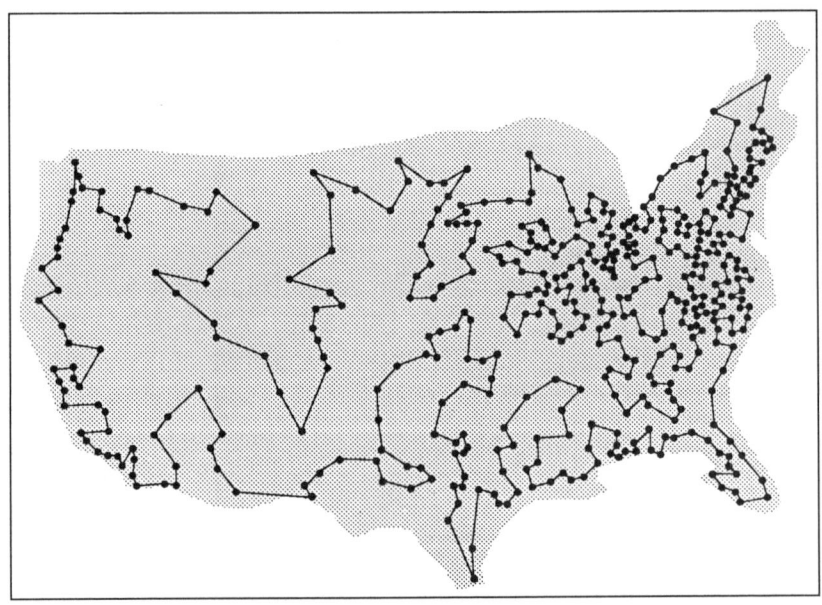

Abb. 15: Das sogenannte Handlungsreisenden-Problem (Wie kann man auf kürzestem Weg eine bestimmte Anzahl von Städten nacheinander besuchen?) ist der mathematische Kern vieler Optimierungsaufgaben. Die Grafik zeigt die kürzeste Reiseroute, auf der die circa 500 größten amerikanischen Städte liegen. Viele Optimierungs-Aufgaben lassen sich mit Hilfe neuronaler Netzwerke gut bewältigen.

[1] Das Zeichen ! bedeutet in der Mathematik, daß diese Zahl mit allen kleineren natürlichen Zahlen multipliziert werden soll. Beispielsweise ist $5! = 5 \times 4 \times 3 \times 2 \times 1$.

Was herkömmlichen Computern so außerordentlich schwerfällt, läßt sich mit Hilfe neuronaler Netze vergleichsweise leicht bewältigen. Gibt man einem geeignet strukturierten Neuro-Netzwerk die Position der Städte und einen einigermaßen vernünftigen Reiseweg vor, so kann das Netzwerk in einem Trainingslauf die den Weg repräsentierenden Synapsen so verändern, daß der Gesamtweg möglichst klein wird. Im Gegensatz zu einem analytischen Verfahren wird dabei zwar nicht in jedem Fall der absolut kürzeste Weg gefunden, doch immer ein Weg, der höchstens ein wenig länger ist als der optimale.

In der Hügellandschaft, durch die wir die synaptischen Gewichte eines neuronalen Netzes veranschaulicht haben, existieren beim Problem des Handlungsreisenden viele Mulden mit ungefähr gleicher Tiefe. Die in der Landschaft rollende Kugel bleibt schließlich in einer tiefen Mulde liegen. Diese muß aber nicht die absolut tiefste sein.

Für Probleme, die man sonst gar nicht angehen könnte, sind so zumindest sehr gute Näherungslösungen auffindbar. Optimierungsaufgaben, bei denen das Maximum oder Minimum einer Größe als Funktion von anderen Einflußgrößen gefunden werden soll, treten in Technik und Wirtschaft sehr häufig auf. Neuronale Netze werden vermutlich in diesem Bereich in Zukunft eine wichtige Rolle spielen.

Ein Beispiel aus der Technik, das man als völlig analog zum Problem des Handlungsreisenden ansehen kann, ist die Aufgabe, viele hundert Punkte auf einer Computer-Platine nacheinander von einem Roboterarm auf dem kürzesten Weg anzufahren – um dort beispielsweise je ein Loch für die Beinchen der später eingesteckten Bauelemente zu bohren. Gelingt es hier mit Hilfe eines neuronalen Netzes, kürzere Wege ausfindig zu machen, so bedeutet dies sofort auch eine Einsparung von Zeit, damit eine höhere Produktionsrate und einen höheren Gewinn.

Die optimale Routenwahl bei der Herstellung eines Signalweges in einem aus vielen Schaltzentralen bestehenden Fernmeldenetzwerk ist ein verwandtes Problem, das sich ebenfalls mit neuronaler Hilfestellung angehen läßt. Hier besteht die Aufgabe nicht in erster Linie darin, einen möglichst kurzen Weg zu erreichen, sondern insgesamt eine möglichst gute Ausnutzung des Gesamtnetzes zu erzielen.

Was für Telefonschaltungen gut ist, sollte für Mikrochip-Schaltungen nicht schlecht sein. So haben Wissenschaftler der Firma Toshiba ein auf den Namen Arena getauftes neuronales Netzwerk entwikkelt, mit dessen Hilfe sich optimierte Schaltpläne für komplexe Logik-Chips entwerfen lassen. Ausgehend von einem Schaltungsentwurf, der die gewünschten logischen Eigenschaften besitzt, versucht Arena die Struktur der Schaltung möglichst effizient zu gestalten. Die ursprüngliche Logikfunktion soll dabei natürlich erhalten bleiben. Verglichen mit den für diesen Zweck normalerweise eingesetzten Entwicklungssystemen soll durch Arena eine Reduzierung der für logische Schaltungen benötigten Chipfläche um zehn bis fünfzig Prozent erzielt worden sein. Auch für den Entwurf anderer mikroelektronischer Schaltungen dürften sich neuronale Netze einsetzen lassen, um den Schaltungsaufwand so klein wie möglich zu halten.

Überall, wo komplizierte Pläne aufgestellt werden müssen, könnten geeignete Neuro-Netze den Planern Hilfestellung leisten – sei dies nun der Fahrplan eines Eisenbahnunternehmens, der Auslieferungs- und Verteilungsplan einer Zeitung, der Flugplan einer Fluggesellschaft, der Belegungsplan an einer Produktionsmaschine oder der Personaleinsatzplan in einem großen Unternehmen mit Schichtdienst.

Im Rahmen des europäischen Esprit-Forschungsprogramms »Annie« wird beispielsweise die Verwendbarkeit von neuronalen Netzen in der Flugplanung untersucht. Die Aufstellung eines Flugplans ist eine überaus komplexe Optimierungsaufgabe, mit der sich alleine bei der Lufthansa – natürlich unterstützt durch entsprechende Computer-Power – mehrere hundert Planer beschäftigen. Da müssen die zur Verfügung stehenden Flugzeuge so in einen Umlaufplan integriert werden, daß jede Maschine nach einer beschränkten Zahl von Einsatztagen wieder am Ausgangsflughafen ankommt. Zu berücksichtigen sind in diesem Puzzle unter anderem die Eignung des gewählten Flugzeugtyps und der entsprechend ausgebildeten Crew, die Wartungs- und Mindestbodenzeiten sowie vielfältige politische und arbeitsrechtliche Vereinbarungen und Vorschriften. Da gehen etwa Nachtflugverbote, ausgehandelte zwischenstaatliche Fluggastkontingente, maximale tägliche Arbeitszeiten oder die für eine Besatzung täglich höchstens zulässige Zahl von Starts und Landungen ins Kalkül ein.

Schließlich gilt es neben diesen Restriktionen auch noch wirtschaftliche Aspekte zu berücksichtigen, wenn das Unternehmen einen möglichst hohen Gewinn (oder zumindest einen möglichst geringen Verlust) anpeilt. Hier muß beispielsweise an das Fahrgastaufkommen auf den jeweiligen Teilstrecken oder an zusätzliche Personalkosten durch Übernachtungen einer Besatzung fern vom Heimatflughafen gedacht werden.

Was schon für ein einziges Flugzeug und einen einzigen Umlaufplan keine leichte Aufgabe ist, wird zu einem gigantischen Problem, wenn es darum geht, den kompletten Flugplan einer Luftverkehrsgesellschaft zu erstellen, was ja immerhin jedes halbe Jahr von neuem notwendig ist.

Bewältigt wird diese Aufgabe bislang im wesentlichen von erfahrenen Planern, die ganz offensichtlich funktionsfähige Flugpläne zustandebringen. Doch kann sich eine Fluggesellschaft sicher sein, daß die so entwickelten Pläne wirklich optimal sind, das heißt die größtmögliche Wirtschaftlichkeit bieten?

Eine mathematische Optimierung von Flugplänen ist mit herkömmlichen Computersystemen bislang nicht (oder nur für Teilaufgaben) zu realisieren gewesen: Zu groß ist die Zahl der Variablen und Randbedingungen, so daß sich insgesamt astronomisch viele Kombinationsmöglichkeiten von Strecken, Flugzeugen und Personal ergeben.

Im Rahmen des Annie-Projektes wird nun in Kooperation mit zwei europäischen Luftfahrtsgesellschaften versucht, das Flugplanproblem einem neuronalen Netzwerk zu übertragen. Dabei werden verschiedene Netzwerk-Strukturen auf ihre Eignung für das gestellte Problem untersucht. Bislang liegen erst vorläufige Testergebnisse vor, doch zeigen sie bereits, daß neuronale Netze eine drastische Verringerung der Rechenzeit ermöglichen. Außerdem finden sie in vielen Fällen bessere Lösungen.

Über den Einsatz neuronaler Netze zur Organisation von Verkehrsflüssen wird auch in ganz anderen Zusammenhängen nachgedacht. So könnte man sie etwa einsetzen, um optimale Routen für Chemie- oder andere Gefahrguttransporte zu finden. In diesen Fällen müssen ebenfalls sehr viele Randbedingungen (Tunnel, Wasserschutzgebiete, Verkehrsaufkommen, Siedlungsdichte und so weiter) berücksichtigt werden.

Auch zur optimalen Lagerhaltung werden neuronale Netze bereits erfolgreich eingesetzt. Da die Lagerung von Ersatzteilen viel Geld kostet, möchte man nicht mehr Teile als unbedingt notwendig vorrätig halten. Das moderne Schlagwort lautet hier »Just-in-time-Management« – will sagen, daß im Idealfall das benötigte Ersatzteil, Werkstück oder ein Rohstoff genau dann angeliefert oder fertiggestellt wird, wenn es benötigt wird. Theoretisch würde so die Notwendigkeit zur Lagerung ganz entfallen. In der Praxis wird man zur Überbrückung von Lieferengpässen oder zum Ausgleich von Nachfrageschwankungen auf eine Lagerhaltung nicht vollkommen verzichten können. Bei der Planung der jeweils erforderlichen Lagerbestände kann jedoch ein neuronales Netz wichtige Hilfestellung leisten und eine möglichst effiziente Lagerhaltung ermöglichen.

In Florida setzt ein Wasserversorgungsunternehmen neuronale Netze ein, um die Verteilung des kostbaren Naß entsprechend jeweiliger Verfügbarkeit und Nachfrage zu optimieren. Auch dies ist eine Aufgabe, bei der ein »Verkehrsfluß« organisiert werden muß.

Optimieren heißt in der Wirtschaft immer Zeit, Geld oder Energie zu sparen. Durch die Nutzung neuronaler Netze lassen sich Produktionsabläufe in vielen Fällen so optimieren, daß möglichst wenig Energie benötigt wird. Ein Aspekt, der auch unter dem Gesichtspunkt Umweltschutz von Bedeutung ist.

Auch beim Auto könnten neuronale Netze zum Energiesparen und damit zum Umweltschutz beitragen. Sie könnten etwa bei einem Automatikgetriebe Schaltvorgänge so steuern, daß die vom Motor freigesetzte Energie optimal genutzt wird. Auch über eine Optimierung der Benzineinspritzung und der Zündzeitpunkte könnte eine Verringerung des Benzinverbrauchs erreicht werden.

Sehen, hören, riechen: Neuronale Sensorik

Stolz präsentiert der deutsche Wissenschaftler Christof Koch vom California Institute of Technology ein kleines Spielzeugauto, das über den Laborflur saust und dabei dem Lichtkegel einer bewegten Taschenlampe folgt. Das High-Tech-Fahrzeug ist auch in der Lage, einer auf den Boden gezeichneten kurvenreichen Linie eigenständig zu folgen – und das alles, so versichert Koch, ohne die Hilfe eines Computers.

Die Steuerung des kleinen Autos erfolgt mit Hilfe neuronaler Netzwerke und eines »Silizium-Auges«, das von dem Caltech-Kollegen Carver Mead nach dem Vorbild einer Netzhaut konstruiert worden ist. Mead, der als Exponent der modernen Mikrochip-Tech-

Abb. 16: Ein Auto folgt dem Licht: Auf einem Flur des California Institute of Technology (Pasadena) lockt Christof Koch ein mit einem »Silizium-Auge« ausgestattetes Spielzeugauto mit einer Taschenlampe. Das kleine Gefährt ist in der Lage, eigenständig einer auf dem Boden gezeichneten Linie zu folgen.

nologie entscheidend zur Miniaturisierung der Bauelemente auf einem Chip beigetragen hat – er ist der Vater der sogenannten VLSI-Technik[1] zur Herstellung von Mikrochips –, hat inzwischen sein Interesse von den konventionellen mikroelektronischen Schaltungen auf die Neuro-Chips verlegt. Seine neuronalen Hardware-Ideen versucht er überdies in der von ihm in San José gegründeten Firma »Synaptics« zu vermarkten.

Der von Mead entwickelte Netzhaut-Mikrochip ist aus 50×50 Bildpunkten aufgebaut und besitzt aufgrund seiner neuronalen Verschaltung eine erstaunliche Leistungsfähigkeit: Die Anpassung bei Veränderungen der Umgebungshelligkeit oder eine Kontrastverstärkung an den Rändern wahrgenommener Objekte leistet Meads Neuro-Chip ähnlich wie das biologische Vorbild. Der Chip ist somit in der Lage, auch bei extrem schlechter Beleuchtung noch gut erkennbare Bilder zu liefern: Es reicht die Helligkeit einer Vollmondnacht.

Zum anderen ist der Retina-Chip besonders sensibel für bewegte Objekte. Auch dies hat seine Entsprechung in der belebten Welt. Für Tiere kann ein sich bewegendes Objekt zwei wichtige Bedeutungen besitzen: entweder eine drohende Gefahr oder eine sich nähernde Mahlzeit. Von unbeweglichen Objekten kann hingegen keine Gefahr ausgehen. Allerdings nutzen viele Angreifer im Tierreich (etwa Krokodile) diese »Denkweise«, indem sie sich tot stellen und auf ein Opfer lauern.

Doch auch wenn es nicht gleich um Leben und Tod, Fressen oder Gefressenwerden geht, bietet die auch beim Menschen existierende visuelle Verstärkung bewegter Vorgänge eine Reihe von Vorzügen, etwa wenn es darum geht, beim Tennis dem Ballwechsel zu folgen. Das Interessante liegt eben oft in der Veränderung.

Beim künstlichen Neuro-Auge von Mead werden die an einem Sensor eintreffenden Lichtsignale in eine elektronische Warte-

---

[1] VLSI steht für »very large scale integration« und bezeichnet eine Technologie, mit der Chips mit einer sehr hohen Dichte von elektronischen Bausteinen hergestellt werden können.

Abb. 17: Schaltplan einer Netzhaut: Wissenschaftler des Max-Planck-Instituts für Hirnforschung mit der Zeichnung eines Neuronen-Netzwerkes, das von der Retina eines Affenauges angefertigt wurde. Sie gibt ein 1 mm x 1 mm großes Areal der Netzhaut wieder.

schleife geschickt und dann jeweils mit der Helligkeit verglichen, die in der darauffolgenden Zeitspanne wahrgenommen wird. Nur bei einem Anstieg oder einem Abfall der registrierten Helligkeit wird von dem betreffenden »Neuron« ein besonderes Erregungssignal ausgesendet. Durch diese Schaltung machen bewegte Objekte besonders auf sich aufmerksam.

Die Einsatzmöglichkeiten solcher »künstlichen Augen« sind recht vielfältig. Roboter könnten von ihnen die für ihren Einsatz notwendigen optischen Eingangsinformationen erhalten. Koch ist derweil damit beschäftigt, durch die Kombination von zwei Netzhautchips einem technischen System das räumliche Sehen beizubringen.

Eine kalifornische Firma bietet bereits Kopiergeräte mit neuronaler Kontrastverstärkung an. Kleine Flecken auf der Kopiervorlage werden unterdrückt und unscharfe Ränder »ausgebügelt«. Die auf einem derartigen »Neuro-Kopierer« hergestellten Kopien sind mithin in der Regel qualitativ besser als das Original.

Eine denkbare Anwendung für die intelligenten Neuro-Augen wäre auch die Steuerung einer TV-Kamera, die automatisch der Bewegung eines Fußballs auf dem Spielfeld folgen würde. Durch menschliche Reaktionsschwäche entgehen uns ja bisweilen spannende Spielszenen.

Durch den Einsatz von zur Marktreife entwickelten Netzhaut-Chips könnte schließlich auch die Videotechnik revolutioniert werden. Statt der in heutigen Videokameras eingesetzten rein passiv arbeitenden Bildsensoren (meist sogenannte CCDs) würden neuronale Sensorchips ganz neue Möglichkeiten der Bildaufnahme eröffnen.

Insbesondere die automatische Anpassung an die jeweils vorhandene Grundhelligkeit und die Fähigkeit des Chips, in einer Szene selbst Objekte mit einer sehr unterschiedlichen Ausleuchtung gleichzeitig detailliert erkennen zu können (ohne daß der eine Bildteil überbelichtet oder der andere Bildteil unterbelichtet würde), wären für diese Anwendung von großer Bedeutung.

Doch Vorsicht. Die Silizium-Netzhaut aus Kalifornien unterliegt wie das menschliche Auge optischen Täuschungen. So werden von ihr beispielsweise zwei Quadrate von identischer grauer Farbe unterschiedlich hell wahrgenommen, je nachdem, ob die Umgebung des Quadrats schwarz oder weiß ist. Das von Schwarz umgebene graue Quadrat erscheint dem Chip heller. Eine optische Täuschung, von der man sich anhand der Abbildung 18 überzeugen kann.

Bei der Entwicklung von intelligenten Sensoren zur Wahrnehmung akustischer Signale oder Gerüche spielen neuronale Netzwerke ebenfalls eine große Rolle. Wir Menschen sind in der Lage, Tausende Duftnoten voneinander zu unterscheiden, obwohl wir in der Nase nur sieben verschiedene Arten von Riechzellen besitzen. Die Fähigkeit, Gerüche zu identifizieren, kann also keinesfalls allein durch die Existenz eines speziellen Detektors erklärt werden, der für

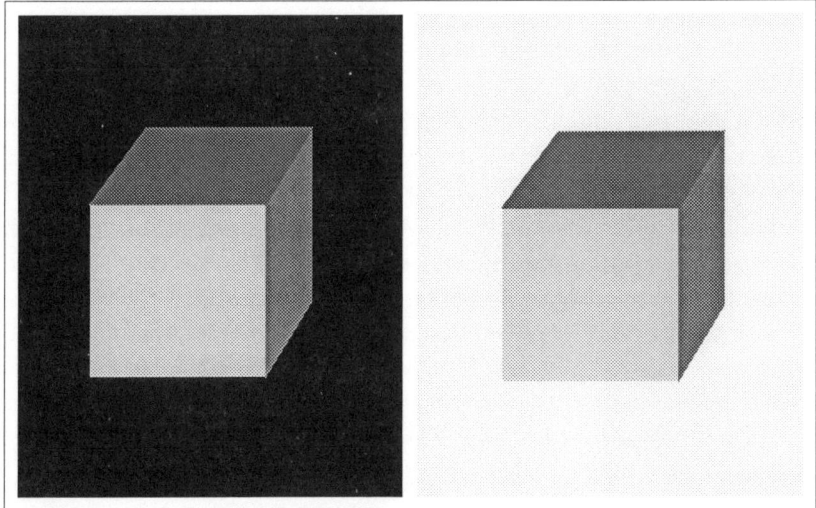

Abb. 18: Die korrespondierenden Seitenflächen dieser beiden Würfel besitzen vollkommen identische Grautöne. Trotzdem erscheinen sie uns unterschiedlich hell. Der Grund dafür sind die sehr verschieden hellen Hintergründe der beiden Würfel. Dieser optischen Täuschung unterliegt nicht nur das menschliche Auge, sondern auch ein am California Institute of Technology entwickeltes »Netzhaut-Chip«.

den betreffenden Duft sensibel ist. Vielmehr spielt die neuronale Datenverarbeitung im sogenannten Riechkolben des Gehirns eine entscheidende Rolle. Dieses Nervenzellengeflecht erhält Informationen von allen Riechzellen der Nase und verarbeitet diese. Erst dadurch wird ein Geruch identifiziert.

Auf der Grundlage dieses Prinzips versucht Professor Rudolf Müller von der Technischen Universität München, künstliche Riechsysteme zu entwickeln. Seit einigen Jahren sind Chemosensoren verfügbar, mit denen sich bestimmte Gase nachweisen lassen. Sie bestehen beispielsweise aus einem Transistor, an dessen Oberfläche bestimmte Rezeptor-Moleküle angebracht worden sind. Wenn an ihnen die Moleküle des nachzuweisenden Gases hängenbleiben, ändern sich die elektrischen Eigenschaften des Transistors: Ein elektrisches Signal zeigt also die Gegenwart eines Gases an.

Allerdings kann man sich auf solche Sensoren nicht sehr gut verlassen – sie werden immer auch von einigen anderen Gasen »angeregt«. Diese mangelnde Eindeutigkeit des Nachweises konnte Müller jedoch beheben, indem er mehrere für unterschiedliche Gase sensible Sensoren gleichzeitig einsetzte. Ihre elektrischen Signale werden gemeinsam von einem neuronalen Netzwerk verarbeitet. Wenn dieses während einer Trainingsphase seine Lektion gelernt hat, kann es schließlich auch komplexere Duftnoten voneinander unterscheiden – zum Beispiel den Duft von Whisky von dem eines Kräuterlikörs.

»Künstliche Nasen« lassen sich in vielfältiger Weise einsetzen. Die Anwendungen reichen von Sensoren in der Lebensmittelindustrie und Umweltmeßtechnik bis hin zu Systemen, die in Chemielabors gefährliche Gase bereits in geringsten Konzentrationen aufspüren und rechtzeitig Alarm schlagen können.

Bei der Wahrnehmung von Geräuschen, Musik oder Sprache spielt unser Gehirn eine weitaus aktivere Rolle, als dies uns gemeinhin klar ist. Verdeutlichen läßt sich dies etwa anhand des sogenannten Party-Effekts: Stellen wir ein technisch hochwertiges Stereotonbandgerät in einem Raum auf, in dem laute Musik gespielt wird und sich sehr viele Menschen gleichzeitig unterhalten, so wird es uns später beim Abspielen des Magnetbandes nicht mehr möglich sein, irgendein Gespräch zu verstehen. Wir selber konnten hingegen auf der Party unser Gegenüber akustisch sehr gut verstehen und auch gezielt lauschen, was gerade an einem Nachbartisch gesprochen wurde.

Diese Fähigkeit des Gehirns ist bis heute nicht im Detail verstanden. Es ist aber bekannt, daß die Wahrnehmung optischer Signale (etwa der Lippenbewegung) dabei eine wichtige Rolle spielt. Zeigt man etwa einer Versuchsperson ein Video, auf dem ein Sprecher die Mundbewegung zur Silbe »bla« vollführt, unterlegt dieser Bildfolge jedoch den Ton »la«, so glaubt sie dennoch die Silbe »bla« zu hören.

Durch die Existenz von zwei in einem festen Abstand stehenden Ohren ist es dem Gehirn überdies möglich, die Richtung zu identifizieren, aus der ein bestimmtes Schallsignal kommt. Die Fähigkeit, selektiv in eine bestimmte Richtung zu hören, wird so erst möglich.

Schließlich spielen beim Hören neuronale Filtermechanismen eine Rolle, durch die akustische Signale nach bestimmten Merkmalen – zum Beispiel der Tonhöhe – voneinander unterschieden werden können.

An die Verknüpfung und gemeinsame Auswertung optischer und akustischer Wahrnehmungsdaten mit Hilfe neuronaler Netze wagt derzeit noch kein Forscher zu denken. Man hat genug damit zu tun, das Sehen und das Hören jeweils für sich auf technische Systeme zu übertragen.

Die Verwendung neuronaler Netze für bestimmte Filterfunktionen liegt aber schon heute im Bereich des technisch Machbaren. Wenn es gelänge, die in unseren Köpfen während eines Party-Smalltalks aktivierten akustischen Filtermechanismen zu verstehen und auf technische neuronale Netzwerke zu übertragen, könnten etwa die Träger von Hörgeräten in größeren Menschengruppen besser als bisher kommunizieren. Bislang ergeht es ihnen nämlich in solchen Situationen noch ähnlich wie dem erwähnten Tonbandgerät.

Das »Ausblenden« unerwünschter Geräusche und das »Konzentrieren« auf bestimmte akustische Signale ist für viele technische Anwendungen von Interesse. Eine besonders verlockende Perspektive ist die Verringerung der von Kraftfahrzeugen verursachten Lärmbelästigung. Der Grundgedanke dieser Vision besteht darin, den von einer Schallquelle erzeugten Schall mit Hilfe von Anti-Schall zu kompensieren.

Schall und Schall können nämlich zusammen Ruhe ergeben, wenn die beiden Schallwellen (Dichteschwankungen der Luft) sich so überlagern, daß sie sich gegenseitig aufheben. Dieses Prinzip wird beispielsweise bei einem Spezial-Kopfhörer für Piloten eingesetzt, den die Firma Sennheiser anbietet. Außen auf dem Kopfhörer angebrachte Mikrophone registrieren die störenden Umgebungsgeräusche. Dieser Schall wird dann von einer Elektronik so auf die Lautsprecher im Kopfhörer gegeben, daß sie den tatsächlichen Umgebungsschall weitgehend kompensieren. Der Pilot hört klar und deutlich die Stimme aus dem Tower, ohne durch Umgebungsgeräusche im Cockpit gestört zu werden. Auch laut laufende Industriemaschinen werden bereits hier und da mit Hilfe dieser Anti-Schall-Technik leise gestimmt.

Für diese Anwendungen benötigt man noch keine neuronalen Netzwerke als intelligente Filter. Doch wenn man nach dem gleichen Prinzip die von einem fahrenden Kraftfahrzeug verursachten Geräusche ausschalten möchte, muß zuvor erkannt werden, welche Geräusche vom eigenen Auto stammen und welche »Fremdsignale« sind. Die fest am eigenen PKW installierten Kompensationslautsprecher könnten nämlich nur die gegeneinander fix stehenden Schallquellen dieses Wagens kompensieren. Würde aber das System auch auf andere Autos, Martinshörner oder Baustellengeräusche ansprechen und diese Signale abzustrahlen versuchen – ein akustisches Tohuwabohu und keineswegs Ruhe wäre die Folge.

Nun mag das mit einem neuronalem Anti-Schall-Generator und damit vergleichsweise sehr leise fahrende Auto derzeit noch wie Science-fiction klingen. Ein deutscher Automobilhersteller soll sich jedoch schon über ein entsprechendes System Gedanken machen . . .

Daten filtern bedeutet, sich auf das jeweils »Wesentliche« zu konzentrieren. Dies läßt sich auch unter dem Aspekt der Datenreduktion betrachten. Für Lebewesen ist die Filterfunktion unserer Sinne und die damit verbundene Datenreduktion von außerordentlich großer Bedeutung. Aus der schier unendlichen Fülle optischer, akustischer und sonstiger Informationen, die ständig auf uns einprasseln, findet nur ein sehr kleiner Teil Eingang in unser Bewußtsein oder gar ins Langzeitgedächtnis. Bei dieser Auswahl analysiert das Gehirn offenbar die Wichtigkeit der jeweiligen Information – ein überaus bedeutsamer Mechanismus, wenn wir nicht in einer Flut belangloser Details ertrinken wollen.

Für einen Frosch, der am Ufer eines Teichs vor sich hin döst, wäre die Information über eine vorbeihuschende Fliege zweifellos wichtiger als die über ein vom Baum fallendes Blatt. Mithin nimmt er zwar – wie Forscher herausfanden – eine waagerecht vor seinem Gesichtsfeld vorbeifliegende Fliege wahr und schleudert dem Insekt seine Zunge entgegen. Eine senkrecht vor ihm herunterfallende (tote) Fliege wird von dem Frosch jedoch nicht wahrgenommen. Sein

Nervengeflecht ist für diese Situation offenbar nicht ausgelegt. Obwohl auf der Netzhaut des Froschs in beiden Fällen die Bahn einer Fliege abgebildet wird, führt ein Mechanismus der Datenreduktion dazu, daß nur die eine Information verarbeitet wird – in diesem Beispiel wohl nicht immer zum Vorteil des Froschs, doch wann kommen schon senkrecht fliegende Fliegen bei ihm vorbei?

Auch in der modernen Kommunikationstechnik spielt das Thema Datenreduktion eine große Rolle. So werden beispielsweise bei den seit Anfang der neunziger Jahre erhältlichen Digitalcassettenrecordern die auf dem Magnetband zu speichernden Daten durch raffinierte Verfahren der Datenreduktion in ihrem Umfang soweit reduziert, daß sie von der Magnetspeichertechnik der kleinen Recorder verarbeitet werden können. Obwohl also ein gespeichertes Musikstück auf einer solchen Digitalcassette rund 80 Prozent weniger Daten enthält als auf einer CD, hört man bei der Wiedergabe schwerlich einen Unterschied: Offenbar werden nicht alle Daten für den perfekten Hörgenuß benötigt.

Bei den Digital-Recordern wird das Komprimieren der Datenmenge nicht mit neuronalen Netzen durchgeführt – da reichen auch klassische mathematische Rechenverfahren. Bei komplexeren Aufgabenstellungen, die überdies sehr schnell bearbeitet werden müssen, könnten sich jedoch neuronale Netze als vorteilhaft erweisen. So wird beispielsweise an der Entwicklung von neuronalen Filtern gearbeitet, die bei einem Bildtelefon die zu übertragende Datenmenge verringern könnten. Mit den heutigen Kupfertelefonleitungen lassen sich nämlich nicht so große Datenmengen übertragen, wie es erforderlich wäre, um bewegte Bilder in hoher Qualität zu übermitteln. Die bislang für Bildtelefone entwickelten – nicht-neuronalen – Verfahren zur Datenreduktion erlauben zum Teil eine nur recht unbefriedigende Bildwiedergabe. Neuronale Netze könnten hier helfen, indem sie sich auf jene Bildinhalte und Veränderungen konzentrieren, die wirklich von Bedeutung sind.

Lernfähige Roboter

Er heißt Marvin, ist recht klein, rund zwei Zentner schwer, zockelt langsam durch ein Forschungslabor an der Universität Bochum und würde mit seinen traurigen Augen jeder hübschen Frau hinterherschauen – vorausgesetzt, sie bewegte sich. Marvin ist ein kleiner Roboter, der von Professor Werner von Seelen und seinen Mitarbeitern konstruiert worden ist.

Die Bochumer Wissenschaftler weisen es weit von sich, daß der Name des auf Rädern rollenden Gefährts etwas mit dem Vornamen des KI-Forschers Marvin Minsky zu tun haben könnte. Marvin ist hier vielmehr die Abkürzung für »Mobiles aktives Robotersystem für visuelle Informationsverarbeitung in neuronaler Architektur«. Sein recht hohes Gewicht verdankt er in erster Linie einer Reihe von Bleiakkus, die ihm eine netzunabhängige Bewegung erlauben.

Marvin besitzt zwei elektronische Augen, mit denen er seine Umgebung inspizieren kann. Er kann Hindernisse erkennen und ihnen ausweichen, wobei er einen Farbfleck auf dem Boden als eben erkennt und unbesorgt darüber hinwegfährt. Besonders interessant sind natürlich bewegte Objekte, die ein gefährliches Hindernis darstellen können.

Die sogenannte Aufmerksamkeits-Steuerung von Marvin sorgt dafür, daß er bewegte Objekte im Auge behält. Das heißt: Sein Augenpaar verfolgt sie unablässig. Die technische Umsetzung dieser bei uns Lebewesen so selbstverständlich funktionierenden Augenfolgebewegung ist keineswegs einfach, und die Forscher sind stolz, sie Marvin beigebracht zu haben. Übrigens schaut Marvin – um keine Mißverständnisse aufkommen zu lassen – *allen* sich bewegenden Gegenständen oder Personen hinterher.

Ziel dieser Forschungsarbeiten ist die Entwicklung eines Roboters, der sich in einer natürlichen Umgebung zurechtfinden kann. Als natürliche Umgebung bezeichnen die Forscher eine Welt, die nicht speziell den Beschränkungen eines Roboters angepaßt wurde.

Eine Lagerhalle, in der praktisch alle Objekte quaderförmig aussehen, Objektbegrenzungslinien also nur waagerecht oder senkrecht stehen, ist jedenfalls keine natürliche Umgebung. Für solche speziellen Umstände konnten bereits einsatzfähige Robotersysteme entwickelt werden, und von Seelen verweist darauf, daß ein Vorgängermodell von Marvin bereits in der Lagerhalle einer deutschen Firma seinen Dienst verrichtet.

In den Gängen dieser Halle wurden Linien auf den Boden gemalt, die dem Roboter als Wegmarkierung dienen. Ein konventionelles System hätte hier das Verlegen von Schienen statt des einfachen Pinselstrichs erforderlich gemacht. Der Roboter ist überdies clever genug, sich durch Unterbrechungen der Linie – etwa durch ausgelaufenes Öl – oder auf dem Boden befindlichen Unrat nicht irritieren zu lassen.

Um sich in einer natürlichen Umwelt zurechtzufinden und Hindernissen ausweichen zu können, muß ein Roboter aber noch mehr leisten: Da gibt es viele mehr oder weniger bizarr geformte Objekte – zum Beispiel Pflanzen – und immer wieder Dinge, die der Roboter noch nie zuvor gesehen hat. Marvin soll auf sogenannten Explorationsfahrten seine Umwelt nach und nach erkunden und das dabei erworbene Wissen in einem internen Speicher ablegen, dessen Funktion der Datenrepräsentation in Gehirnen nachempfunden ist.

Doch ganz ohne »Vorwissen« kommt Marvin nicht aus. Er wird zusätzlich mit einigen hundert Videobildern gefüttert, die verschiedene Laborszenen und Mitarbeiter darstellen. So kann Marvin bei seinen Expeditionsfahrten bekannte Objekte und Personen identifizieren und etwa auch den Auftrag ausführen, einen bestimmten Mitarbeiter zu suchen.

Die Videobilder werden in Marvin ähnlich wie beim Gesichtserkennungssystem Facerec gespeichert. Nach einer biologischen Nervennetzen abgeschauten Methode der optischen Datenrepräsentation auf der Sehrinde wird die Menge der Daten um rund einen Faktor 100 verringert. Diese Fähigkeit zur Datenreduktion ist ein wichtiger Aspekt der neuronalen Informationsverarbeitung.

Noch bewegt sich Marvin recht gemächlich durch das Bochumer Institut. Die gesamte Datenverarbeitung des Roboters wird nämlich auf einem gewöhnlichen Computersystem simuliert. Für die Forschungsarbeiten ist die Geschwindigkeit von Marvin nicht der zentrale Punkt – Hauptsache, er bewältigt seine Aufgaben. Für mögliche Praxisanwendungen kann man dann später die Software immer noch auf einen Parallelcomputer übertragen oder ein entsprechendes Neuro-Chip entwickeln.

Vielleicht wird schon in einigen Jahren ein mit hinreichend vielen Videobildern der heimischen Wohnung gefütterter Home-Robot verschiedene Aufgaben im Haushalt – zum Beispiel Staubsaugen oder Blumengießen – übernehmen können. Doch von Seelen ist da noch eher skeptisch. Er hält diese aufwendige Hochtechnologie auf absehbare Zeit für viel zu teuer, als daß sie für eine Massenanwendung in Frage käme.

Doch für Spezialanwendung in Industrie und Forschung sind Systeme wie Marvin schon heute gefragt: Wenn es beispielsweise darum geht, in den radioaktiv verstrahlten »heißen Zellen« kerntechnischer Anlagen Arbeiten durchzuführen, ist man auf die Hilfe von Robotern angewiesen. Je besser sich diese dann auch in komplizierten Situationen selbständig zurechtfinden können, desto besser.

Marvins Fähigkeit, bewegte Objekte im Blick zu halten, könnte die Grundlage für eine andere Massenanwendung neuronaler Technologie sein. Im Rahmen des europäischen Forschungsprogramms »Prometheus« hat von Seelen in Zusammenarbeit mit der Firma VW ein neuronales Bildverarbeitungssystem entwickelt, das einen automatisch arbeitenden Tempomaten für Autos ermöglicht. Bei diesem System erkennt eine hinter der Windschutzscheibe montierte Kamera vorausfahrende Autos und hält diese im Visier. Die scheinbare Größe des vorausfahrenden Fahrzeugs wird fortwährend bestimmt und daraus sowohl der Abstand als auch die Relativgeschwindigkeit zum eigenen Pkw errechnet.

Aufgrund dieser Daten wird dann die Geschwindigkeit des eigenen Fahrzeugs automatisch so geregelt, daß immer ein der jeweiligen Geschwindigkeit angepaßter Sicherheitsabstand eingehalten wird. Gerade für den Stop-and-go-Verkehr könnte ein solcher Tempomat eine große Erleichterung für den Fahrer sein.

Die Firma Mercedes-Benz arbeitet an einem ähnlichen System. Dort sollen die Fahrbahnmarkierungen von einer bordeigenen Kamera registriert und das Auto dementsprechend in der Spur gehalten werden. Ziel ist es auch, Hindernisse auf der Fahrbahn automatisch zu erkennen und gegebenenfalls ein Ausweichmanöver durchzuführen. Werden wir also in Zukunft unserem Auto nur noch sagen müssen, zu welchem Ziel es uns befördern soll, und können wir uns dann einfach genüßlich im Autositz zurücklehnen und zum Beispiel ein Buch lesen?

Auf dem Testgelände der Carnegie-Mellon-Universität in Pittsburgh (USA) fährt jedenfalls ein Geländewagen wie von Geisterhand gesteuert über die kurvenreiche Strecke. Kein Fahrer sitzt hinter dem Lenkrad des auf den Namen »Alvinn« (für autonomous land vehicle in a neutral network) getauften Gefährts. Gesteuert wird es vielmehr von einem Netzwerk aus rund tausend künstlichen Neuronen, das mit den Bildern einer auf die Fahrbahn gerichteten Videokamera versorgt wird. Alvinn ist in der Lage, mit einer Geschwindigkeit von bis zu 35 Stundenkilometern und bei jedem Wetter seinen Weg zu finden. Zuvor hat das von Professor Dean A. Pomerleau konstruierte Gefährt seine Lenkkünste durch das Beobachten eines menschlichen Fahrers erlernt.

Das sensible Betätigen von Kupplungs- und Gaspedal beim Schalten ist eine Aufgabe, die sich sehr schwer durch formale Regeln beschreiben läßt. Auch diese Teilaufgabe bei der Steuerung eines Automobils läßt sich durch ein lernfähiges Neuro-Netz bewältigen, das sein angepaßtes Verhalten von einem routinierten Autofahrer lernt.

Es ist keine leichte Aufgabe, mit einem mehrachsigen Sattelschlepper rückwärts paßgenau an eine vorgegebene Stelle einer Laderampe einzuparken. Auch diese Aufgabe ist aber bereits von einem neuronalen Netzwerk bewältigt worden. Der amerikanische Wissenschaftler Bernard Widrow von der Stanford University ließ in einer Computersimulation einen fiktiven Lastkraftwagen millimetergenau in eine Ladebucht einparken.

Im Rahmen eines von der EG geförderten Forschungsprojekts hat die deutsche Firma Pietzsch ein autonomes Fahrzeug namens »ARES 2« entwickelt, das mit Hilfe eines neuronalen Netzwerkes lernt, Hindernissen auszuweichen, die es über neun Ultraschall-Sensoren erkennt. Das Fahrzeug wird mit Hilfe von Datensätzen trainiert, die durch Computersimulationen errechnet worden sind – schließlich kann man das reale Fahrzeug während der Lernphase nicht unzählige Male gegen eine Wand fahren lassen.

Weicht das Fahrzeug also einem Hindernis in erwünschter Weise nach rechts oder links aus, so werden die an diesem Ausweichmanöver beteiligten Neuronen beziehungsweise Synapsen »belohnt«. Bei einem Crash werden die dafür verantwortlichen Neuronen hingegen »bestraft«. Das Fahrzeug erlernt also – mit Hilfe einer Backpropagation-Methode – das von ihm erwartete Verhalten. Eine Programmierung ist nicht notwendig. In einer weiteren Lernphase wurde dem Fahrzeug zusätzlich beigebracht, mit unterschiedlichen, der Situation angemessenen Geschwindigkeiten zu reagieren.

Interessant wird es, wenn man nun mehrere dieser autonomen Fahrzeuge in die gleiche Hindernis-Landschaft stellt. Nun sind sie sich auch noch untereinander jeweils ein Hindernis. Die Forscher bei Pietzsch haben das Verhalten eines halben Dutzend gleichzeitig agierender Fahrroboter untersucht, die alle mit dem gleichen und identisch trainierten neuronalen Netzwerk ausgestattet waren. Die Ergebnisse waren, wie es heißt, »vielversprechend«.

Doch vielleicht werden die Roboter der Zukunft gar nicht auf Rädern durch Fabrikhallen oder Wohnungen rollen, sondern – wieder einmal nach dem Vorbild der Biologie – auf Beinen daherkommen. Wenn man die Flexibilität betrachtet, die krabbelnde Insekten mit ihren vielen Beinchen bei der Überwindung von Hindernissen entfalten, dann scheint hier die Evolution tatsächlich die leistungsfähigere Technologie hervorgebracht zu haben – allen Hymnen auf die Erfindung des Rades zum Trotz.

In verschiedenen Robotik-Labors hat man sich der Entwicklung lauffähiger Roboter verschrieben. Und was läge näher, als sich beim biologischen Vorbild darüber zu informieren, wie man dies am besten technisch realisiert. So untersucht beispielsweise Professor

Jeffrey Dean an der Universität Bielefeld, wie Heuschrecken ihre sechs Beinchen koordinieren. Auf einem Laufrad werden die Heuschrecken zum Krabbeln auf der Stelle angeregt. Mit Hilfe von in Nervenzellen gepiksten Elektroden können dann die elektrischen Abläufe im Nervensystem der Heuschrecken studiert werden.

Eine wichtige Erkenntnis dieser Forschungsarbeiten: Die Steuerung der Beinbewegung erfolgt in großem Umfang dezentral. Jedes Bein besitzt einen eigenen neuronalen »Prozessor«, der mit den anderen »Prozessoren« Daten austauschen kann. Mit den durch solche Untersuchungen gewonnenen Erkenntnissen soll an der Technischen Universität München eine sechsbeinige Laufmaschine konstruiert werden.

Ähnliche Studien werden von Professor Stan Grillner am Karolinska Institut in Stockholm am Nervensystem von Neunaugen, aalförmigen Wirbeltieren, durchgeführt. Das Neuronen-Netzwerk dieser Tiere ist komplizierter als das eines Insekts. Dennoch gelang es Grillner, den neuronalen Schaltplan für die Bewegungssteuerung dieses Tiers zu enträtseln. »Als wir mit den Arbeiten begonnen haben«, erinnert er sich, »war das Nervensystem des Neunauges für uns eine black box. Heute jedoch können wir wirklich behaupten, die Steuermechanismen der Bewegung von Neunaugen durchschaut zu haben.«

Mit Hilfe vieler Experimente ist aus einzelnen Mosaiksteinchen des Wissens nach und nach ein kompletter neuro-motorischer Schaltplan des Neunauges entstanden, den Grillner eindrucksvoll auf einem Blatt Papier festgehalten hat. Das Gehirn gibt lediglich bestimmte Basiswerte wie Bewegungsrichtung und -geschwindigkeit vor, das Rückenmark »berechnet« daraus die zeitlich richtige Abfolge von Steuerimpulsen für die verschiedenen Muskeln.

Auch bei den höheren Wirbeltieren und dem Menschen werden nicht alle Bewegungen ausschließlich vom Gehirn selbst gesteuert. Dazu zählen automatisierte Abläufe wie etwa das Atmen oder das Gehen. Beim Gehen aktivieren Nervenzellen des Hirnstamms ein System im Rückenmark, das die komplizierten Muskelbewegungen eigenständig koordiniert.

Abb. 19: Nervenschaltung enträtselt: Professor Stan Grillner studiert am Karolinska Institut (Stockholm) das Nervensystem von Neunaugen. Es gelang ihm, den Mechanismus der neuronalen Bewegungssteuerung dieser aalförmigen Tiere zu entschlüsseln. Ein Gemälde in seinem Arbeitszimmer zeigt ein riesiges Neuron.

Grillner glaubt, daß durch das Verständnis dieser motorischen Neuronen-Netze der Bau von intelligenten Steuerungen von Robotergelenken möglich sein wird. Er weist jedoch darauf hin, daß die in der Biologie vorgefundenen Mechanismen auf ein Minimum reduziert werden müßten, damit sie für eine technische Realisierung nicht zu kompliziert sind. Denn: »Die biologischen Systeme haben sehr viel zusätzliche Sicherheit eingebaut.«

An der Universität Düsseldorf hat Professor Rolf Eckmiller eine »Vier-Gelenk-Maschine« konstruiert. Dieses einem menschlichen Arm (Schulter-, Ellenbogen-, Hand- und Fingergelenken) nachempfundene System wird von einem neuronalen Netz gesteuert und kann beispielsweise »handschriftlich« Buchstaben zeichnen. Der besondere Reiz dieser Entwicklung liegt darin, daß durch die große Zahl der Gelenke kein eindeutiger Bewegungsablauf vorgegeben ist. Das System muß also lernen, mit der Freiheit, die ihm durch seine vier Gelenke gegeben ist, umzugehen. Die zu lernenden Bewegungsabläufe lassen sich dabei unter verschiedenen Gesichtspunkten optimieren.

Neuronale Netzwerke sind für die Robotik in verschiedener Hinsicht von Bedeutung. Sie können zum einen der Verarbeitung optischer

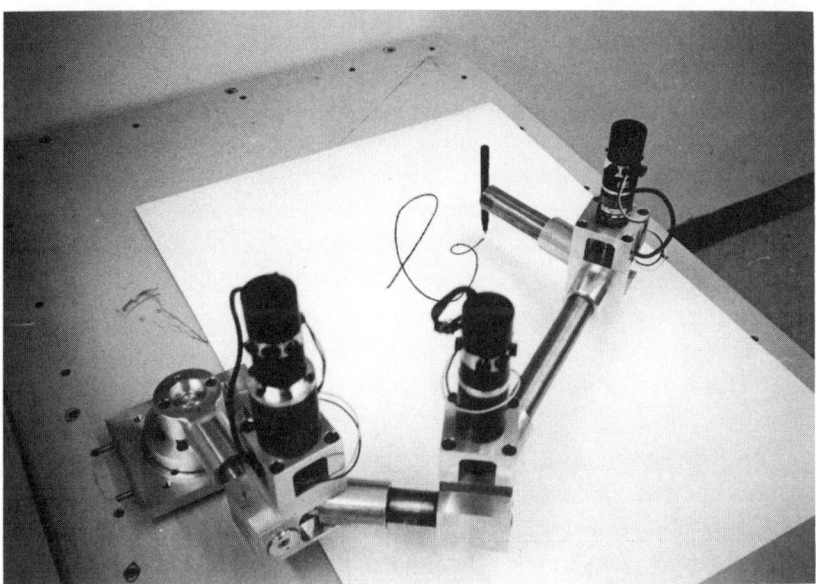

Abb. 20: Eine Maschine schreibt »per Hand«: Diese von Professor Rolf Eckmiller (Universität Düsseldorf) konstruierte Vier-Gelenk-Maschine kann »handschriftlich« Buchstaben auf das Papier bringen – hier gerade ein »b«. Gesteuert werden die »Hand«- und »Arm«-Gelenke von einem lernfähigen neuronalen Netz.

Informationen dienen, wobei insbesondere das Erkennen von Hindernissen ein wichtiger Aspekt ist. Unter Berücksichtigung dieser Informationen können sie dann die optimale Bewegungsbahn im Raum ermitteln und daraus wiederum die erforderliche Bewegung der verschiedenen Einzelgelenke ermitteln.

Ihre Lern- und Anpassungsfähigkeit ist wohl der entscheidende Vorzug von neuronalen Netzen gegenüber den heute im Einsatz befindlichen klassischen Robotersteuerungen. Roboter finden wir heute zum Beispiel in den Fertigungshallen der Automobilindustrie, wo sie Karosserien verschweißen oder lackieren. Diese softwaregetriebenen Robotersysteme sind so unflexibel, daß bei der Umstellung auf die Produktion eines neuen Automodells die Steuersoftware der Produktionsstraße vollkommen neu geschrieben und in der Regel auch Veränderungen an der Roboter-Hardware vorgenommen werden müssen. Und das ist außerordentlich zeitaufwendig und kostspielig.

Wie vorteilhaft wäre es da doch, einen lernfähigen Neuro-Netz-Roboter zu haben, den man an die neuen Verhältnisse anpassen könnte, ohne die gesamte Software neu schreiben zu müssen. Es wäre beispielsweise denkbar, daß der Roboter an seine neue Aufgabe herangeführt wird, indem er die auszuführenden Bewegungen von einem menschlichen Vorbild lernt. Mit Hilfe von sogenannten Datenhandschuhen oder Datenanzügen könnten die erforderlichen Bewegungen in die Sprache des neuronalen Roboters übersetzt werden. Der würde dann die entsprechenden Bewegungsabläufe erlernen. Doch bevor dies Realität wird, sind noch einige Fragen zu klären.

Eine von ihnen betrifft die Sicherheit einer solchen Produktionsanlage. Es wäre ja schön, wenn ein Neuro-Roboter praktisch ohne herkömmliche Software auskommen würde, doch wer garantiert, daß der Roboter nicht irgendwann irgend etwas Unvorhergesehenes tut und damit Schaden anrichtet? Schließlich ist er nicht sklavisch an Computerbefehle gebunden.

Es gibt jedoch Bemühungen, neuronale Steuersysteme mit »eingebauter Sicherheitsgarantie« zu entwickeln. In einem gemeinsamen

Forschungsprojekt der Universität Leipzig, dem Berliner Institut für Automatisierung und der Berliner Firma Brainware, sollen autonome Systeme entwickelt werden, die auch in einer »fehlerintoleranten« Umgebung agieren können.

Mit einem reißerischen Werbeslogan wirbt die britische Firma Sloane Helicopters in Sywell bei Northhampton für ihre etwa autogroßen Minihubschrauber, mit denen man den immer häufiger auftretenden Verkehrsstaus ein Schnippchen schlagen könnte: »Wollen Sie mit 180 Sachen auf der Autobahn sicher durchfahren können?« Wer für Helikopter nebst notwendigem Flugschein rund 250 000 Mark erübrigen kann, darf sich das Angebot der britischen Firma überlegen.

Sollte diese Art der individuellen Fortbewegung tatsächlich in Mode kommen, so kann sich jeder ausmalen, was das für die Verkehrssicherheit des Luftraums bedeuten würde. Hubschrauber-Zusammenstöße statt Auto-Crashs stünden auf der Tagesordnung.

Doch was heute noch wie eine Utopie klingt, könnte durchaus in den Bereich des Machbaren rücken, wenn dereinst eine entsprechend intelligente Technologie die Steuerung der Helikopter übernehmen könnte. Schließlich fliegen ja auch ganze Vogel- oder Insektenschwärme scheinbar wild durch den Himmel, ohne zu kollidieren. Warum sollte es also nicht möglich sein, das, was die winzigen Nervensysteme dieser Tiere zu leisten vermögen, dereinst auf technische Steuerungssysteme zu übertragen?

Sprechende und lesende Neuro-Netze

Einsendeschluß 15. Februar 1992. Die japanische Post hatte zu einem etwas ungewöhnlichen Preisausschreiben eingeladen. Forschern in aller Welt wurde ein Stapel Papierblätter zur Verfügung gestellt, auf dem sich insgesamt rund 3000 von (japanischer) Hand geschriebene Ziffern befanden. Diese Ziffern galt es nun, mit Hilfe irgendeines technischen Systems automatisch zu erkennen – eine

Aufgabe, die den Einsatz eines neuronalen Netzwerkes geradezu verlangt.

Wer die gestellte Aufgabe am besten bewältigt, wer also den größten Prozentsatz fehlerfrei erkannter Ziffern vorweisen kann, dem winkt als Preis ein wunderschönes Briefmarkenalbum: Auch so lassen sich also Technologiestudien betreiben.

Das Interesse der japanischen Post an der maschinellen Erfassung von handgeschriebenen Zahlen kommt nicht von ungefähr. Das fehlerfreie automatische Lesen von Postleitzahlen auf Briefen ist für jedes Postunternehmen ein attraktives Ziel. Zwar sind klassisch arbeitende Ziffernerkennungssysteme bereits gegenwärtig im Einsatz. Sie erkennen die Ziffern durch Klassifizieren nach geometrischen Merkmalen und durch logische Operationen. Allerdings ist hierzu die Rechenleistung sehr großer Computersysteme notwendig.

Angesichts der enormen Leistungsfähigkeit biologischer Hirne in Sachen Mustererkennung verwundert es nicht, daß viele Forscher rund um den Globus an der Entwicklung neuronaler Netze arbeiten, die handgeschriebene Buchstaben möglicherweise effizienter erkennen können – eine Aufgabenstellung, die jener des historischen Perzeptrons sehr verwandt ist.

Einer von diesen Forschern ist der Franzose Gérard Dreyfus von der Ecole Supérieure de Physique et de Chimie in Paris, deren Direktor der Physik-Nobelpreisträger des Jahres 1991, Pierre-Gilles de Gennes ist. Dreyfus hat sich eine Strategie zur Entwicklung eines möglichst effizient und damit wirtschaftlich arbeitenden Netzwerkes überlegt. Da nämlich neuronale Netzwerke zur Erkennung handgeschriebener Buchstaben in der Praxis – etwa in einem Verteilerpostamt – mit herkömmlichen Computer- beziehungsweise KI-Systemen konkurrieren, ist nicht nur ihre Funktionsfähigkeit, sondern auch die Frage der Wirtschaftlichkeit von zentraler Bedeutung.

Es kommt also darauf an, daß ein neuronales Netzwerk nur so viele Neuronen und Synapsen enthält, wie dies zur Bewältigung der betreffenden Aufgabe notwendig ist. Außerdem soll das Netzwerk natürlich sowohl möglichst schnell lernen als auch später seine Arbeit erledigen. Da stellt sich die schwierige Frage, welche Netzwerkarchitektur diesen Anforderungen am besten gerecht wird. Wie soll man aus der schier unendlichen Zahl verschiedener Möglichkeiten die beste Netzgeometrie herausfinden?

Ein mehr oder weniger systematisches Ausprobieren verschiedener Strukturen nach dem Prinzip »Versuch und Irrtum« ist da sicher nicht die erfolgversprechendste Form der Forschung. Die von Dreyfus angewandte Methode geht nicht von einer fest vorgegebenen Netzwerkstruktur aus. Vielmehr kann sich diese im Verlauf des Lernprozesses – wenn das Netzwerk mit handgeschriebenen Ziffern gefüttert wird – weiterentwickeln.

Die Ziffern werden als Bild aus 16 × 16 Punkten zunächst auf 256 Input-Neuronen abgebildet und so dem neuronalen Netz angeboten. Von dort geht es über lernfähige Synapsen am Anfang zunächst zu zehn Neuronen weiter, die jeweils für eine der Ziffern von 0 bis 9 stehen. Nun könnte man vielleicht die Hoffnung haben, daß dieses Minimal-Netzwerk bereits ausreicht, um nach einer entsprechenden Lernphase Ziffern richtig erkennen zu können – so daß jeweils genau eines dieser 10 Output-Neuronen auf »An« schaltet und so die betreffende Ziffer signalisiert. Doch so einfach ist die Sache nicht – etwas aufwendiger muß das Netzwerk schon gearbeitet sein.

Wird während der Lernphase eine Ziffer falsch zugeordnet, so wird ein neues Neuron gebildet, das fortan für diese Art der charakteristischen Schreibweise einer bestimmten Ziffer steht. Beim Lernen werden immer neue Neuronen kreiert – solange, bis sich durch ein weiteres Neuron keine Verbesserung der Funktionsfähigkeit des Netzes mehr ergibt.

Nach diesem Verfahren entwickelte sich die anfangs aus nur zehn Neuronen bestehende Schicht schließlich zu immerhin 45 Neuronen, die über 11 565 Synapsen mit den Eingangsneuronen in Verbindung stehen. Die Signale der 45 Neuronen werden dann mit Hilfe von logischen Verknüpfungen – die berücksichtigen, welches innere Neuron für welchen Grenzfall steht – auf zehn Ausgänge geleitet, die nun wirklich für die zehn Ziffern stehen. Dreyfus geht davon aus, daß das so entwickelte neuronale Netzwerk den minimalen Komplexitätsgrad besitzt, der zur Lösung der gestellten Aufgabe notwendig ist.

Er trainierte das Netzwerk mit von Amerikanern und Europäern auf Briefe geschriebenen Postleitzahlen. Am Ende konnte das Netzwerk die europäischen Ziffern in 97,6 Prozent der Fälle und die amerikanischen Ziffern in 93,5 Prozent der Fälle richtig erkennen. Das deutlich schlechtere Resultat für die von Amerikanern geschriebenen Ziffern verwundert, wurde doch das Netzwerk mit 1400 amerikanischen und nur 870 europäischen Ziffern trainiert. Schlußfolgerung: Offenbar entwickeln Amerikaner, um es einmal so auszudrücken, eine viel größere Phantasie bei der Variation von handgeschriebenen Ziffern als Europäer. Sind neuronale Netze also gar in der Lage, subtile Mentalitätsunterschiede aufzudecken?

Dreyfus denkt, daß die erzielten Trefferquoten seines Netzwerkes bereits für den Einsatz in der Praxis ausreichen. So wurde denn die Entwicklung eines entsprechenden Silizium-Chips am Laboratoire de Conception de Systèmes Intègres in Grenoble in Angriff genommen. Etwa Mitte der neunziger Jahre könnte dann die Technologie für den Einsatz bei der automatischen Briefverteilung reif sein.

Das maschinelle Erkennen von Ziffern ist nicht nur für das Sortieren von Briefen interessant. Weitere Anwendungsbeispiele sind das automatische Bearbeiten von Kreditkarten-Belegen oder Steuererklärungen. Die Neuro-Firma HNC in San Diego hat ein System auf der Angebotsliste, das eigenständig die in eine Steuererklärung handschriftlich eingetragenen Ziffern erkennt und diese zur weiteren Bearbeitung einem üblichen Datenverarbeitungssystem übergibt. Das im amerikanischen Bundesstaat Wyoming eingesetzte Lesesystem soll angeblich nicht mehr Fehler machen als der bisher seines Amtes waltende Sachbearbeiter.

Noch eine weitere Einsatzmöglichkeit von neuronalen Buchstaben-Erkennungssystemen wird aus den USA gemeldet. Dort muß für die Benutzung bestimmter Straßen ein Wegezoll (toll) entrichtet werden. An den betreffenden Zahlstellen kann es bei starkem Verkehr natürlich zu Staus kommen. Um dies zu vermeiden, ist an den Einsatz von neuronalen Netzen an den Toll-Stationen gedacht. Dort könnten die Nummernschilder der langsam vorbeifahrenden Autos per Videokamera erfaßt und automatisch erkannt werden. In einem

Datenspeicher könnte dann die zu dem Nummernschild gehörende Kontonummer des Fahrzeughalters nachgeschlagen und die Straßenbenutzungsgebühr direkt vom Konto abgebucht werden.

Bei der Entwicklung eines Buchstaben- oder Ziffern-Erkennungssystems kann man zwei unterschiedliche Strategien verfolgen. Entweder ist es einem egal, ob wirklich unsinnige und eigentlich keiner Ziffer ähnlich sehende Kringel am Ausgang des Netzwerkes einer Ziffer zugeordnet werden, oder man möchte in einem solchen Fall lieber von einem elften Ausgabe-Neuron signalisiert bekommen: »Kann ich beim besten Willen nicht erkennen.« Wenn man dieses Sicherheits-Konzept verfolgt, muß man das Netzwerk auch mit zufällig erzeugtem Gekrakel trainieren, das dann das »Weiß-Nicht-Neuron« aktivieren soll. Ein derartiges neuronales Netz ist bei der Gesellschaft für Mathematik und Datenverarbeitung in Sankt Augustin bei Bonn entwickelt worden.

Tragbare Computer, die handschriftliche Eingaben verstehen können und keine Tastatur mehr besitzen, sind erstmals Anfang der neunziger Jahre in Erscheinung getreten. Man kritzelt bei diesen Geräten mit einem kleinen Spezialstift, der über ein Kabel mit dem Computersystem verbunden ist, auf dem Monitor herum und kann so diverse Computerbefehle aktivieren und Zeichen eingeben.

Ein derartiges Gerät kann ganz praktisch sein, wenn beispielsweise unterwegs ein im System gespeicherter Text mit handschriftlichen Korrekturzeichen redigiert werden soll oder handgeschriebene Telefaxe erstellt werden sollen. Beim tatsächlichen Erkennen von einzelnen Buchstaben, die handschriftlich eingegeben werden, muß man sich derzeit noch ein wenig anstrengen, wenn man nicht ein »?« als Antwort riskieren möchte. Wer hier einige Male unverstanden zurückgewiesen wird, mag sich schon zur guten alten Tastatur zurücksehnen, bei der nach dem Drücken einer Buchstabentaste die entsprechende Information mit Sicherheit erkannt ist.

Systeme, die statt Einzelbuchstaben gar ganze handgeschriebene Worte und Sätze erkennen und in eine computerlesbare Form übertragen, sucht man bislang in den Computergeschäften vergeblich.

Die meisten Handschrift-Computer arbeiten derzeit noch ohne die Hilfe von neuronalen Netzen. Durch deren Einsatz sollte sich aber der Anteil der korrekt erkannten Buchstaben und Ziffern jedoch noch deutlich steigern lassen. Auch das Erkennen von ganzen Wörtern hoffen die Forscher mit Hilfe dieser Technologie zu ermöglichen.

Mit Hilfe neuronaler Netze kann man nicht nur versuchen, Handschriften dem Inhalt nach zu lesen. Es ist auch denkbar, ein Netzwerk in der Trainingsphase nicht mit Informationen über einzelne Buchstaben oder Worte (zum Beispiel: das ist ein »b«) zu versorgen, sondern mit Merkmalen über den Urheber der Schrift. So könnte das neuronale Netzwerk nach und nach lernen, die unterschiedlichen Schriftbilder verschiedener Menschen mit den jeweiligen Charaktereigenschaften in Verbindung zu bringen. Das System könnte also nach der Lernphase schließlich die Aufgabe eines Graphologen übernehmen.

Für eine ähnliche Aufgabenstellung interessiert man sich bei der amerikanischen Bundespolizei FBI. Dort sollen neuronale Netze die Schriftbilder anonymer Drohbriefe analysieren. Sie könnten dann sofort erkennen, ob sie schon einmal einen Brief mit einer gleichen oder ähnlichen Schrift gesehen haben, der daher wahrscheinlich vom gleichen Urheber stammt. Wertvolle Fahndungshinweise würden sich unter Umständen daraus ableiten lassen.

Derartige Schriftanalysen, die sich auch zum automatischen Identifizieren von Unterschriften eignen, werden voraussichtlich in Zukunft eine größere Rolle spielen als die handschriftliche Eingabe von Buchstaben bei einem Computer. Hier zeichnet sich nämlich schon heute der nächste Entwicklungsschritt ab, der eine viel größere Benutzerfreundlichkeit besitzen wird: der Computer mit Spracheingabe. Wie praktisch wäre es doch, wenn man Texte einfach per Mikrophon in den Computer diktieren und auch Befehle per gesprochenem Wort eingeben könnte.

Auch dieses Problem versucht man sowohl mit konventionellen Methoden als auch mit neuronalen Netzwerken anzugehen. Obwohl es bereits Systeme zu kaufen gibt, die eine Spracheingabe ermöglichen, ist ihr Sprachumfang bislang noch beschränkt. Außerdem bereiten die auf die Stimme trainierten Systeme Probleme, wenn sie – etwa bei einer Erkältung – ein wenig anders klingt als üblich.

Die mit Spracherkennung mittels neuronalen Netzen arbeitenden Forscher sind optimistisch, daß schon bald leistungsfähige Systeme zur Verfügung stehen werden, die rednerunabhängig gesprochene Worte erkennen können. An der Universität Göttingen ist es Professor Manfred Schroeder bereits gelungen, ein aus mehreren Schichten bestehendes neuronales Netzwerk zu entwickeln, das immerhin einige Dutzend Worte rednerunabhängig erkennen kann. Das aus tausend Neuronen bestehende Netzwerk kennt außer den Zahlwörtern »Null« bis »Zwölf« nur noch weitere 27 Vokabeln, die sich ihrem Sinn nach zur Steuerung von Robotern eignen.[1] Die gesprochenen Worte werden zunächst digitalisiert. Dann errechnet ein Computer den Anteil der verschiedenen Tonfrequenzen in Abhängigkeit von der Zeit. Jedes Wort läßt sich dann in einem sogenannten Bark-Diagramm mit einer Frequenz und einer Zeitachse als Aktivitätsmuster darstellen. Diese Muster werden dann dem neuronalen Netzwerk angeboten – zunächst als Trainingsmuster, später als Vorlage für zu erkennende Worte.

Das Bark-Muster für ein bestimmtes Wort ist nicht rednerunabhängig. Je nach Stimmlage, Sprechgeschwindigkeit oder Dialekt ergeben sich recht unterschiedliche Muster. Die zentrale Aufgabe besteht nun darin, jene Elemente des Bark-Musters zu identifizieren, die für ein bestimmtes Wort charakteristisch und unabhängig vom jeweiligen Redner sind.

Es wäre keine leichte Aufgabe, entsprechende Regeln aufstellen zu wollen. Das neuronale Netzwerk kann aber anhand einer großen Zahl von Beispielen selbst herausfinden, welche Merkmale die Muster eines bestimmten Wortes immer enthalten.

---

[1] Folgende Worte versteht das Göttinger Netzwerk: Die Zahlworte von 0 bis 12. Sowie: vor, zurück, halt, schnell, langsam, links, rechts, wenden, los, heben, senken, greifen, loslassen, drehen, weiter, Achtung, Strecke, Winkel, Objekt, vorne, hinten, oben, unten, nach, Hand, Position, um.

Nach dem Training konnte das neuronale Netzwerk, das auf einem herkömmlichen Computer (Sun 3/60) simuliert wurde, 98,7 Prozent der angebotenen Worte richtig erkennen, wenn es vorher (auch) mit der Stimme des betreffenden Sprechers trainiert worden war. Ließ man jedoch die Worte von einer Stimme sprechen, die das Netzwerk noch nicht kennengelernt hatte, so erkannte es immerhin noch 97,2 Prozent der Worte.

Zum Vergleich ließ Schroeder die gleiche Aufgabe (auf dem gleichen Computer) von einem konventionellen Spracherkennungssystem bearbeiten, das keine neuronalen Netze verwendet, sondern die Worte anhand von Regeln klassifiziert.

Bei einem dem System bekannten Sprecher war es mit einer Trefferquote von 98 Prozent praktisch genauso gut wie das neuronale Netzwerk. Bei der rednerunabhängigen Spracherkennung identifizierte es allerdings mit 84 Prozent deutlich weniger Worte als das Neuro-Netz. Für diese schwierigere Aufgabe scheint die »Abstraktionsfähigkeit« neuronaler Netze also wichtige Vorteile zu bringen. Überdies benötigte das neuronale Netzwerk zum Erkennen eines Wortes rund 28mal weniger Zeit als sein konventioneller Konkurrent.

Das Göttinger Spracherkennungs-Netzwerk kann noch mit einer ganz besonderen Fähigkeit aufwarten: Werden ihm zwei gleichzeitig gesprochene Worte angeboten, so kann es durchaus beide erkennen. Das Verstehen von Worten in Gegenwart von Störgeräuschen ist das nächste Ziel, das sich die Göttinger Forscher gesetzt haben.

Gesprochene Worte einzeln zu erkennen und zu »verstehen« ist die eine Sache. Ganze Sätze dem Sinn nach zu verstehen ist eine noch sehr viel schwierigere Aufgabe – müssen dazu neben der Bedeutung einzelner Worte doch auch grammatikalische Bezüge und sich erst aus dem Kontext ergebende Sinnbezüge erkannt werden. Doch auch vor diesem Ziel schrecken die Forscher nicht zurück. Professor Teuvo Kohonen von der Technischen Universität Helsinki konnte bereits mit Hilfe einer ausreichenden Zahl von Beispielsätzen ein neuronales Netz trainieren, grammatikalische und semantische Wortähnlichkeiten zu identifizieren.

In Japan hatte man sich bereits Anfang der achtziger Jahre das überaus ehrgeizige Forschungsziel gesetzt, ein automatisch arbeitendes telefonisches Sprachübersetzungssystem zu entwickeln. Nachdem man diesem Ziel mit den Möglichkeiten der konventionellen Computertechnologie kaum näher gekommen war, wird nun versucht, diese Aufgabe mittels neuronaler Netze zu bewältigen.

Im ersten Jahrzehnt des neuen Jahrtausend könnte es dann möglich sein, daß sich beispielsweise ein Japaner und ein Amerikaner telefonisch miteinander unterhalten können, obwohl keiner die jeweils andere Sprache beherrscht. Ein im Fernmeldeamt befindliches Übersetzungs-Neuro-Netz würde die wechselseitige Simultanübersetzung vornehmen. So würde etwa der Amerikaner die Worte seines japanischen Gesprächspartners auf englisch hören und der Japaner dessen Worte unmittelbar in seiner Muttersprache.

Um sich zumindest beim Formulieren von Forschungszielen nicht von den Japanern abhängen zu lassen, hat man Anfang 1992 in Deutschland ein ganz ähnliches Projekt ins Leben gerufen. Hier soll, gefördert durch Finanzmittel des Bundesforschungsministeriums, der dolmetschende Computer gar in Form eines tragbaren Handgerätes entwickelt werden. Mit seiner Hilfe sollen sich zwei – je mit Kopfhörer und Mikrophon ausgestattete – verschiedensprachige Gesprächspartner dennoch gegenseitig verstehen können. Zeitvorstellung: Jahr 2000.

Ist ein Satz erst einmal verstanden und übersetzt, so ist die anschließend notwendige maschinelle Sprachausgabe vergleichsweise ein Kinderspiel. Bereits heute sind Systeme kommerziell erhältlich, die den Bildschirminhalt eines Computermonitors vorlesen können. Auch wenn solche Computerstimmen derzeit noch recht unnatürlich und unbeholfen klingen, können derartige Systeme doch für Blinde eine große Hilfe sein, denen so die Arbeit am Computer ermöglicht wird. Durch die Verwendung geeigneter neuronaler Netzwerke sollten jedoch Sprachsynthesizer dereinst in der Lage sein, menschliche Stimmen täuschend echt zu simulieren und auch neue, dem System noch nicht bekannte Worte richtig auszusprechen.

In einem klassischen Computersystem muß man zur Bewältigung

dieser Aufgabe entweder alle vorkommenden Worte zusammen mit einer Codierung der richtigen Aussprache abspeichern und bei Bedarf abfragen oder einen vollständigen Satz von Regeln mitgeben, mit dessen Hilfe das System die richtige Aussprache aller Wörter eigenständig ermitteln kann. Das Finden von solchen Regeln ist, wie man sich leicht vorstellen kann, außerordentlich schwierig und bislang noch für keine Sprache vollständig geglückt.

Abb. 21: Ein neuronales Netz lernt sprechen: Der Physiker Terrence Sejnowski (Salk Institute, San Diego) konstruierte ein neuronales Netzwerk, das die richtige Aussprache englischer Wörter wie ein kleines Kind erlernen kann.

Daß maschinelles Sprechen aber auch anders realisiert werden kann, demonstrierte der amerikanische Physiker Terrence Sejnowski bereits im Jahre 1986. Sejnowski, der am berühmten Salk-Institut für biologische Studien in San Diego arbeitet, ist das Musterbeispiel eines interdisziplinär orientierten Wissenschaftlers: Er ist gleichzeitig Professor für Physik, Biologie, Neurowissenschaften, Psychologie, Elektro- und Computeringenieurwesen sowie Computerwissenschaften an der University of California.

Sejnowski konstruierte also ein neuronales Netzwerk – genannt NETtalk –, das in der Lage ist, ähnlich wie ein kleines Kind ohne Vorgabe von Regeln die richtige Aussprache englischer Wörter zu erlernen. Eine entsprechende Demonstration faszinierte das amerikanische Fernsehpublikum: Ein zunächst wie ein Baby lallender Neuro-Computer lernte zunehmend besser und schließlich fast perfekt das Sprechen englischer Texte. Wie ist das möglich?

Das NETtalk-Neuro-Netz besitzt eine Eingabe-Schicht aus 203 Neuronen, die den zu sprechenden Text zeichenweise erfaßt. Da für die Aussprache eines bestimmten Buchstabens aber nicht nur der jeweilige Buchstabe, sondern auch sein Kontext von Bedeutung sind, werden dem Netzwerk neben dem zu sprechenden Buchstaben auch jeweils die drei vorausgegangenen und die drei nachfolgenden – also insgesamt sieben – Buchstaben eingegeben.

Die englische Sprache besteht, wenn man Buchstaben, Leer- und Satzzeichen zugrundelegt, aus 29 Zeichen. Die Eingabe-Schicht von NETtalk besteht nun aus 7 mal 29 (= 203) Neuronen, wobei jedes Neuron in einem 29er Block für einen bestimmten Buchstaben zuständig ist. Die jeweils sieben Buchstaben werden also dem Netzwerk mitgeteilt, indem in jedem der 29er Blöcke ein Neuron gereizt wird. Die sieben Blöcke repräsentieren dabei die Position des jeweiligen Buchstabens in der Kette aus sieben Buchstaben.

Jedes der 203 Input-Neuronen von NETtalk ist sodann mit jedem von 80 inneren Neuronen verbunden, die aber untereinander nicht verschaltet sind. Von diesen inneren Neuronen geht es dann weiter zu 26 Ausgabe-Neuronen, wobei wieder alle Neuronen der verborgenen Innenschicht mit allen Neuronen der Ausgabe-Schicht verbunden sind. Insgesamt gibt es in diesem neuronalen Netz also 18 320 (203 × 80 + 80 × 26) Synapsen.

Durch die 26 Ausgabe-Neuronen sind die zur Aussprache des betreffenden Buchstabens notwendigen Lautmerkmale durch Kategorien wie stimmhaft, betont, tief, nasal oder gedehnt charakterisiert. Aus einem Satz derartiger Angaben kann dann der gewünschte Klang mit Hilfe eines Sprachsynthesizers und Lautsprechers erzeugt werden.

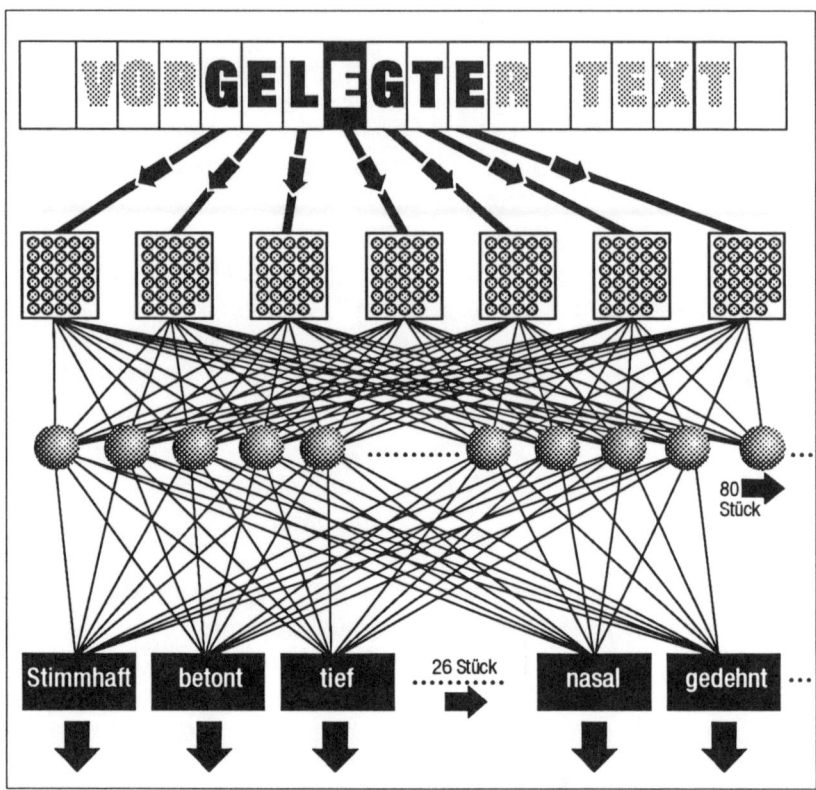

Abb. 22: Der amerikanische Wissenschaftler Terrence Sejnowski konstruierte ein NETtalk genanntes, schichtförmiges neuronales Netzwerk, das wie ein kleines Kind die Aussprache von Wörtern lernen kann. Ein vorgelegter Text wird den Eingangsneuronen des Netzes nacheinander in Portionen von sieben Buchstaben eingegeben. Über eine Zwischenschicht aus 80 Neuronen wird diese Eingangsinformation weiterverarbeitet. 26 Ausgangsneuronen zeigen schließlich durch ihren Erregungszustand an, wie der betreffende Buchstabe im Kontext seiner Nachbarbuchstaben auszusprechen ist. Trainiert wurde das Netzwerk mit Wörtern, die zuvor phonetisch analysiert und in die 26 Lautmerkmale codiert worden waren.

Am Anfang besitzen die Verbindungsstärken der NETtalk-Synapsen zufällige Werte, so daß das Netzwerk bei der Vorlage bestimmter Buchstaben oder Wörter zunächst mit völlig unsinnigen Lauten antwortet. Doch das ändert sich, wenn man das Netzwerk nun mit

Lehrbeispielen trainiert. Sejnowski benutzte dazu 1024 Worte eines von einem Kind gesprochenen Textes. Diese Worte waren phonetisch analysiert worden und konnten dem System sowohl in Schrift- als auch in Lautmerkmale codiert angeboten werden.

Mit Hilfe des Backpropagation-Lernverfahrens konnte das Netzwerk nun die Synapsen so arrangieren, daß es seine Antwort auf eine bestimmte Eingabe immer mehr dem gewünschten Lautbild anglich. Immer und immer wieder wurden so die Texte durchgegangen, und von Mal zu Mal wurde die Aussprache von NETtalk besser. Nach ungefähr zehn Trainingsläufen kann man bereits die von NETtalk wiedergegebenen Texte verstehen, und nach fünfzig Zyklen macht das Netzwerk nur noch in wenigen, schwierigen Fällen Fehler – etwa bei der Unterscheidung von stimmlosen und stimmhaften »th«.

Nach diesem Training konnte man das sprechende Neuro-Netzwerk auch auf unbekannte Worte ansetzen. Ein allerdings vom selben Kind gesprochener fremder Text wurde zu fast 80 Prozent richtig ausgesprochen. Trainierte man das Netzwerk mit den tausend häufigsten Worten der Umgangssprache, so war es nach dem Training in der Lage, einen Sprachschatz von 20 000 Worten ebenfalls mit einer Fehlerquote von rund zwanzig Prozent richtig auszusprechen. Die Treffsicherheit von NETtalk läßt sich durch weitere Übungsbeispiele und mehr Trainingsläufe noch erheblich steigern.

NETtalk ist also in der Lage zu sprechen, ohne linguistische Regeln und Ausnahmen zu kennen. Durch den Lernprozeß hat sich sein Neuronen-Netzwerk so strukturiert, daß es gewissermaßen die nur schwer faßbaren Regeln repräsentiert. Durch die Analyse der durch den Anpassungsprozeß entstehenden Netzstruktur lassen sich möglicherweise Rückschlüsse darauf ziehen, wie ein Kind das Sprechen einer Sprache tatsächlich erlernt. Sejnowskis Untersuchung der inneren Neuronenschicht des trainierten NETtalk-Netzes ergab, daß es keine einfache Zuordnungen von bestimmten Buchstaben zu bestimmten Lautmustern gab. Andererseits war es allerdings auch nicht so, daß immer alle Verbindungsleitungen am Erkennen eines bestimmten Lautes beteiligt waren. Die komplizierte Wirklichkeit lag irgendwo dazwischen.

NETtalk wurde von Sejnowski anfangs als Softwaresimulation auf einem herkömmlichen Computer (VAX 11/780) realisiert. Da somit das Verhalten der 309 Neuronen und ihrer fast 20 000 Synapsen nacheinander einzeln berechnet werden mußte, war NETtalk seinerzeit nur ein recht langsamer Sprecher – mehr als zwei Buchstaben in der Sekunde waren da nicht möglich. Hier wird die Bedeutung der Hardware-Realisierung eines neuronalen Netzes offensichtlich.

Inzwischen ist NETtalk auf einem von der in Portland residierenden Firma Adaptive Solutions entwickelten Neuro-Chip realisiert worden. Dieses Netzwerk kann nun wirklich flüssig sprechen. Auch die zum Training und Einstellen der Synapsen benötigte Zeit wurde durch das Chip dramatisch verringert. Das, was vorher zwölf Stunden Rechenzeit auf einem leistungsstarken Computer erforderte, wird nun von einem einzigen Chip in nur wenigen Sekunden vollbracht!

Sprache verstehende und zum Sprechen fähige Netzwerke werden für die Kommunikation und damit für das Verhältnis von Mensch und Maschine ganz neue Dimensionen eröffnen. Die Einsatzmöglichkeiten solcher Systeme werden sich bestimmt nicht nur auf direkte Computeranwendungen beschränken, sondern uns voraussichtlich in vielen Lebenssituationen begegnen.

Wenn wir ab Mitte 1992 die bei der Auskunft nachgefragten Telefonnummern von einer Computerstimme mitgeteilt bekommen, handelt es sich dabei noch nicht um den Einsatz neuronaler Technologie. Die Frage wird noch wie bisher durch ein »Fräulein vom Amt« entgegengenommen. Sie überträgt dann jedoch die Suche und Information des Anrufers einem Computersystem – man nennt das Rationalisierung.

Doch das wird wohl nur der Anfang sein. Wenn erst einmal neuronale Netze in der Lage sind, die Anfrage eines Anrufers gut genug zu verstehen, werden wir wohl auf den Menschen am anderen Ende der Leitung ganz verzichten müssen. Aber bis dahin werden wir möglicherweise ohnehin das ganze Telefonbuch auf Neuro-Chips im Heimcomputer gespeichert haben.

Wir sollten uns aber schon einmal darauf einstellen, daß wir in nicht allzu ferner Zukunft unter anderem telefonische Hotelreservierungen oder Ticketbestellungen im Zwiegespräch mit neuronalen Netzwerken durchführen werden. Ob die dann allerdings auch an einem kurzen Plausch interessiert wären, muß aus heutiger Sicht zumindest als fraglich erscheinen.

Neuronale Orakel

Proteine und Enzyme lassen sich heute für bestimmte Anwendungen in der Biologie oder Medizin maßgeschneidert herstellen. Die spezifischen biologischen Eigenschaften eines Proteins sind in erster Linie durch seine räumliche Struktur gegeben. Diese ist wiederum davon abhängig, in welcher Reihenfolge die durchschnittlich mehreren hundert Aminosäuremoleküle angeordnet sind, aus denen ein Protein aufgebaut ist.

Während sich die Abfolge der einzelnen Aminosäuren auf einem Protein durch leistungsfähige Methoden der Sequenzanalyse recht unproblematisch ermitteln läßt, erfordert die Bestimmung der räumlichen Proteinstruktur einen sehr viel größeren experimentellen Aufwand. Zunächst müssen dazu nämlich – was ganz und gar nicht einfach ist – aus den Proteinen wohlgewachsene Kristalle gezüchtet werden. Diese können anschließend mit Hilfe von raffinierten Röntgenmeßverfahren untersucht und so die Proteinstruktur bestimmt werden.

Angesichts dieses großen experimentellen Aufwands verwundert es nicht, daß heute zwar mehr als 40000 verschiedene Proteinsequenzen bekannt, aber nur knapp 800 Proteinstrukturen in wissenschaftlichen Datenbanken, wie der Protein-Datenbank in Brookhaven, gespeichert sind.

Wissenschaftler, die Proteine für einen bestimmten Zweck entwerfen wollen, stehen also vor dem Problem, für eine versuchsweise vorgegebene Aminosäuresequenz nicht gleich auch die zu erwartende räumliche Struktur des Proteins zu kennen.

Mittlerweile sind zwar Computerprogramme verfügbar, die mit

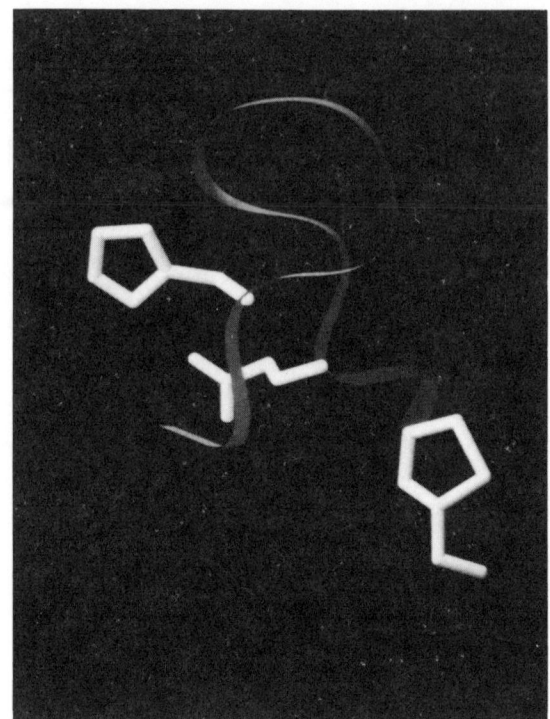

statistischen Rechenverfahren Vorhersagen über die wahrscheinlich zu erwartende Proteinstruktur machen können, doch kann diese Art der Hilfestellung besser und effektiver von neuronalen Netzwerken gegeben werden.

Davon ist jedenfalls Professor Steffen Petersen von der Universität Trondheim in Norwegen überzeugt, der sich seit Ende der achtziger Jahre mit der Vorhersage von Proteinstrukturen per neuronalem Netzwerk beschäftigt. Sein in einer Softwaresimulation realisiertes Netzwerk mit rund dreihundert Neuronen hat er mit den verzeichneten Strukturdaten bekannter Proteine gefüttert und so das Netzwerk darauf trainiert, den Zusammenhang zwischen bestimmten Aminosäurensequenzen und der korrespondierenden räumlichen Struktur des betreffenden Proteins zu erkennen.

Nach dieser Trainingsphase, für die auf einem Supercomputer (Cray) die stolze Rechenzeit von einer ganzen Woche benötigt wird, steht das neuronale Netzwerk bereit, die Struktur von neuen Aminosäurenabfolgen auf der Grundlage des vorhandenen Wissens zu prognostizieren. So glückte beispielsweise die Vorhersage der Struktur eines Rattentrypsinproteins – wie der Vergleich mit der anschließend durchgeführten Röntgenstrukturanalyse zeigte – mit einer mittleren Abweichung von nur einem drittel Milliardstel Meter.

Man darf erwarten, daß neuronale Netzwerke angesichts der wachsenden Bedeutung des »molecular engineering« künftig eine immer größere Rolle bei der Prognose von Strukturen komplizierter Biomoleküle spielen werden. Dabei muß man nicht nur an Proteine denken – auch mit RNA-Sequenzdaten werden bereits neuronale Netzwerke gefüttert.

Und auch das Aids-Virus haben sich Forscher mit Hilfe eines neuronalen Netzes bereits näher angeschaut. Wissenschaftler am Labor für Proteinchemie der Universität Kopenhagen konnten mit einem Neuro-Netz die räumliche Struktur der HIV-Proteine p17, gp120 und gp42 bestimmen.

Nicht nur Molekularbiologen und Genetiker hegen große Erwartungen, wenn es darum geht, neuronale Netze als Prognoseinstrumente einzusetzen. Auch Börsenspekulanten haben bereits die Möglichkeiten der neuen Technologie erkannt: Man trainiere ein neuronales Netzwerk mit bekannten Daten über frühere Kursentwicklungen einer Aktie und hoffe, daß es mit diesem Know-how künftige Entwicklungen prognostizieren kann. Für diesen Zweck ausgelegte Neuro-Software wird bereits von verschiedenen Firmen angeboten, und manch ein Börsianer, der seine Weissagungen früher aus gleitenden Durchschnitten und anderen statistischen Methoden bezog, schwört heute auf das »neuronale Orakel«: Gut fünf Prozent mehr Treffsicherheit seien mit den Netzwerken im Vergleich zu den klassischen Methoden der Kursvorhersage erzielbar.

Wer jetzt skeptisch mit den Schultern zuckt und das ganze nur für eine neue Form des Kaffeesatzlesens hält, dem sei versichert, daß sich derweil praktisch alle großen Banken ernsthaft mit dem Prognosetalent neuronaler Netze auseinandersetzen und daß sich unter den Anbietern entsprechender Systeme auch die renommierte Firma Siemens befindet. Ein von Siemens-Wissenschaftlern entwickeltes Prognosesystem für ökonomische Fragestellungen wurde 1992 auf der CeBit-Computermesse in Hannover präsentiert. Es kann beispielsweise zur Vorhersage von Zinsentwicklungen, Devisenwechselkursen oder Wertpapierrenditen eingesetzt werden.

Eine Aufgabe, für die das System optimiert wurde, ist die Vorhersage des Dollar-Mark-Wechselkurses. Zunächst wurden Experten befragt, um die für eine entsprechende Prognose wichtigen Kenndaten zu ermitteln. Das Netzwerk wurde mit insgesamt hundert solcher Kenngrößen, wie beispielsweise Inflationsraten, Zinssätze, Zahlungsbilanzen oder Bruttosozialprodukte gefüttert – und natürlich auch mit dem jeweiligen Dollar-Mark-Wechselkurs.

Um das Netzwerk zu optimieren, verwendeten die Siemens-Forscher eine Lernmethode, bei der besonders große Synapsen-Stärken »bestraft« und daher wenn möglich vermieden werden. So konnte eine größere Zahl von synaptischen Gewichten auf den Wert Null gedrückt werden, so daß die entsprechenden Neuronen aus dem Netzwerk entfernt werden konnten. Auch Gruppen von Neuronen, die sehr stark miteinander verbunden sind und daher praktisch immer gleichzeitig aktiv sind, lassen sich zu einem Neuron »eindampfen«.

Als nächstes untersuchten die Forscher, welche der hundert Eingangsdatenreihen auf die Prognose keinen oder nur einen unwesentlichen Einfluß haben. In der Tat konnte man auf die Eingabe vieler Daten verzichten – da hatten die Experten wohl die Bedeutung mancher Kennzahlen überschätzt.

Das in dieser Weise optimierte Neuro-Netzwerk wurde schließlich mit den Kenndaten von Juni 1985 bis Mai 1989 trainiert. Dann galt es künftige Dollarkurse vorherzusagen. Bis Ende Januar 1991 wagte das Netzwerk – nur noch gefüttert mit den übrigen Kenndaten – für jeden Tag eine Prognose, ob sich der Dollarkurs nach oben oder unten entwickeln würde.

Abb. 24: Neuronale Orakel: Mit Hilfe neuronaler Netzwerke lassen sich Kursentwicklungen an der Börse wahrscheinlich besser vorhersagen als mit klassischen Verfahren. Praktische Vorteile aus derartigen »neuronalen Prognosen« sind jedoch offenbar nur zu erwarten, solange nicht alle am Geschäft Beteiligten auf diese »besseren« Prognosen Zugriff haben.

Das Resultat: In rund sechzig Prozent der Fälle hatte das neuronale Netz mit seiner Voraussage recht. Das erscheint auf den ersten Blick nicht besonders gut zu sein, zumal Raten immerhin auch eine statistische Trefferquote von fünfzig Prozent ergeben sollte. Doch selbst versierte Finanzexperten sollen normalerweise die Sechzig-Prozent-Marke nicht erreichen. Und jeder Prozentpunkt kann hier in der Praxis sehr wichtig sein.

Die Allianz-Versicherung setzt bereits versuchsweise ein Neuro-Netz von Siemens ein, um Prognosen für die Entwicklung von Wertpapieren zu erhalten. In einem Testlauf konnte für eine Zwölf-Monats-Prognose eine vielversprechende Trefferquote von mehr als achtzig Prozent erzielt werden. Trotzdem will man sich noch nicht auf das neuronale Netz allein verlassen.

Etwas unbesorgter sind da Broker an der New Yorker Börse, die einen 20-Millionen-Dollar-Währungsfonds von einem neuronalen Netz verwalten lassen. Mit Hilfe seiner Prognosen soll der Fonds angeblich eine jährliche Rendite von dreißig Prozent erwirtschaften.

Doch mit Wertpapier- oder Zinsprognosen sind die Einsatzmöglichkeiten von neuronalen Netzen im Bankbereich noch längst nicht erschöpft. So soll die Security Pacific Bank in Kalifornien ein neuronales Netzwerk mit den üblicherweise bei einer Kreditabwicklung anfallenden Daten früherer Kunden gefüttert haben. Außerdem wurde dem Netzwerk dabei jeweils mitgeteilt, ob das Kreditgeschäft ordnungsgemäß abgewickelt werden konnte oder ob der Kunde in irgendeiner Weise Schwierigkeiten bereitet hat, wodurch letztlich immer Kosten entstehen. Nachdem das neuronale Netz so seine Lektion über das Verhalten von Kreditkunden gelernt hatte, wurde es darauf angesetzt, bei anderen, ebenfalls schon abgeschlossenen Kreditvorgängen nunmehr eigenständig zu entscheiden, ob nach Datenlage ein Kredit hätte gewährt werden sollen oder nicht. Das erstaunliche Resultat: Hätte man diese Entscheidungen in der Realität tatsächlich vom Neuro-Netz treffen lassen, hätte die Bank enorme Kosten gespart. Das neuronale Netz versagte nämlich manchen gewährten Kredit, bei dem es später tatsächlich Probleme mit der Rückzahlung gab.

Neben dieser Bonitätsprüfung könnten neuronale Netze eingesetzt werden, um anormale Kontobewegungen zu erkennen oder Kunden individuelle Vorschläge für maßgeschneiderte Anlagepläne zu geben. Und eine amerikanische Kreditkartenorganisation sowie eine große New Yorker Bank versuchen mit neuronalen Netzen, gestohlene Kreditkarten zu identifizieren.

Bei allen Anwendungen neuronaler Netzwerke zu Zwecken der Prognose muß darauf geachtet werden, daß sie in der Trainingsphase nicht mit zu vielen Daten gefüttert werden. Zwar führt ein häufiges Lernen der Trainingsdaten dazu, daß sich das Netzwerk später sehr gut an die entsprechenden Informationen erinnern kann. Die Fähigkeit, unbekannte Daten richtig zu interpretieren, kann dabei jedoch abnehmen. Die Experten sprechen in diesem Zusammenhang von einem »Overlearning«, das es zu vermeiden gilt. In diesen Fällen hat das Netzwerk zwar die Trainingsdaten »auswendig gelernt«, jedoch nicht »verstanden«, welchen inneren Zusammenhang sie repräsentieren. So kann man sich in etwa das Phänomen des Overlearnings veranschaulichen, auch wenn damit keinesfalls eine Parallele zur Biologie gezogen werden soll.

Eine wichtige Aufgabe bei der Entwicklung von neuronalen Prognosesystemen besteht also darin, ein Überlernen zu vermeiden. Das kann etwa dadurch erreicht werden, daß die Trainingsphase immer wieder unterbrochen wird, um mit unbekannten Daten die Leistungsfähigkeit des neuronalen Netzwerkes zu testen. Solange es sein Talent für richtige Vorhersagen durch das Training verbessert, ist der Punkt des Überlernens noch nicht erreicht. Wenn dann aber schließlich die Qualität der Prognosen wieder nachläßt, ist der Zenit des optimalen Trainingsumfanges überschritten.

Die Fähigkeit neuronaler Netzwerke, komplizierte und verrauschte Muster analysieren zu können, nutzt die amerikanische Firma SAIC in einem System zum Aufspüren von Sprengstoff, das an verschiedenen Flughäfen in den USA eingesetzt wird. In der »Snoope« genannten Detektionsanlage werden Koffer und Gepäckstücke mit Neutronen bestrahlt, die von einer Strahlungsquelle aus dem radioaktiven Metall Californium ausgesandt werden.

Die Energie der Neutronen ist nun so gewählt, daß sie besonders gern von Stickstoffatomen, die in hoher Konzentration in Sprengstoffen enthalten sind, eingefangen werden. Durch die Bestrahlung mit Neutronen wird eine kleine Anzahl der Stickstoffatome radioaktiv und sendet sodann Gammastrahlen aus, die sich mit Hilfe von entsprechenden Detektoren registrieren läßt.

Snoope enthält neunzig solcher Sensoren, die die eintreffenden Gammastrahlen registrieren. Da man nicht mit zu hohen Dosen an Neutronenstrahlung arbeitet und nicht zuviel Radioaktivität erzeugen möchte, sind die von den Sensoren aufgenommenen Signale sehr schwach und verrauscht. Hier kommen die neuronalen Netze ins Spiel. Sie können mit Dummy-Bomben trainiert werden und so die entsprechenden Sensorsignalmuster erlernen. In der Arbeitsphase kommt dem Netzwerk dann ein Signalmuster, das einem erlernten Muster ähnlich sieht, verdächtig vor: Das Netzwerk gibt Bombenalarm.

Es wurde auch der Einsatz klassischer mathematischer Verfahren zur Analyse der Sensordaten ausprobiert. Das neuronale Netzwerk war jedoch in jedem Fall eindeutig besser.

Das erste Snoope-System wurde auf dem New Yorker Flughafen installiert – kurz nach dem Bombenanschlag von Lockerbie, bei dem eine Boeing 747 der damaligen amerikanischen Luftfahrtgesellschaft PanAm abgestürzt war. Inzwischen sind insgesamt sechs neuronale Bombenschnüffler an amerikanischen Flughäfen im Einsatz. Die hohen Kosten des Systems – bei denen freilich das neuronale Netzwerk nur eine untergeordnete Rolle spielt – haben bislang einen breiteren Einsatz verhindert.

Möglicherweise läßt sich das Snoope-System auch als »Spürhund« für Rauschgift einsetzen. Wie Sprengstoffe besitzen nämlich auch Drogen einen relativ großen Stickstoffanteil. Statt der nicht ganz unproblematischen Bestrahlung durch Neutronen ist der Einsatz von chemischen Sensoren denkbar, die auf bestimmte Chemikalien mit einer Veränderung ihrer elektrischen Eigenschaften reagieren. Die Auswertung der von diesen Sensoren gelieferten Meßdaten könnte wiederum von neuronalen Netzwerken vorgenommen werden.

An der University of Colorado versuchen Forscher mit Hilfe neuronaler Netze die Aktivität der Sonnenflecken vorherzusagen. Das ist nicht nur ein wissenschaftlicher Zeitvertreib, können doch bei verstärkter Sonnenfleckenaktivität der Sonne Funkverbindungen – etwa zu Flugzeugen – erheblich gestört werden. Eine rechtzeitige Warnung ist da recht hilfreich.

Rund alle elf Jahre erreicht die Zahl der Sonnenflecken ein Maximum. Warum das so ist, konnten die Wissenschaftler bislang noch nicht enträtseln. Insgesamt schwankt die Aktivität der Flecken auf der Sonnenoberfläche jedoch sehr stark und unvorhersehbar. Dennoch konnten die Forscher bestimmte Regeln ableiten, mit deren Hilfe sie Prognosen über die zu erwartende Aktivität auf der Sonne geben konnten – eine Art Wettervorhersage für unser Taggestirn.

Früher setzten die Forscher ein Expertensystem zur Sonnenflecken-Vorhersage ein, dem rund 700 Regeln über das Verhalten von Sonnenflecken eingegeben worden waren. Nach fünf Minuten Rechenzeit spuckte das leistungsstarke Computersystem tatsächlich eine vernünftige Prognose aus.

Doch es geht auch einfacher: Man nehme ein – vergleichsweise sehr viel weniger aufwendiges – neuronales Netzwerk und trainiere dies mit den Daten über die Aktivität der Sonne während einer Woche. Ohne ausdrücklich vorgegebene Regeln gelingt diesem Netzwerk anschließend eine ebenso gute Vorhersage – in einer Zeit von einigen tausendstel Sekunden.

Professor Eckmiller von der Universität Düsseldorf ist davon überzeugt, daß sich neuronale Netze auch im Umweltbereich für Vorhersagen einsetzen lassen. Eine relativ einfache Aufgabe wäre etwa das rechtzeitige Warnen vor drohendem Smog, der dann durch entsprechende Präventivmaßnahmen verhindert werden könnte.

Denkbar wäre der Einsatz von neuronalen Netzen auch zur Prognose langfristiger Klima- und Umweltentwicklungen. Das komplexe Beziehungsgeflecht der vielen an diesen Vorgängen beteiligten Parameter sollte sich mit Hilfe eines geeigneten Netzwerks viel besser nachbilden lassen, als dies mit heutigen seriell arbeitenden Computern möglich ist.

Wir sind noch weit davon entfernt, etwa alle an der Entwicklung des Klimas auf unserem Planeten beteiligten Mechanismen sowie ihre verschiedenen Wechselwirkungen untereinander mit Hilfe mathematischer Formeln exakt beschreiben zu können. Ein sich aus riesigen Bergen von Umweltdaten selbst klug machendes neuronales System könnte da möglicherweise noch nicht bekannte Zusammenhänge aufspüren und so drohende Gefahren früher erkennen.

Doch würden wir Menschen solche von neuronalen Netzen ausgesprochene Warnungen denn ernster nehmen als jene, die wir bislang schon von herkömmlichen Computersystemen erhalten? Schließlich haben Wissenschaftler schon vor vielen Jahren vor dem drohenden Treibhauseffekt und der Vernichtung des irdischen Ozonschilds gewarnt – auch ohne neuronale Netze. Und belegt nicht dieses Beispiel, daß solche Prognosen erst dann allgemein ernst genommen werden, wenn sie sich in der Realität als (leider) richtig erweisen. Erst dann wird – wenn überhaupt – mit Gegenmaßnahmen der offensichtlichen Gefahr begegnet.

Bessere Prognosesysteme sind also nur die eine Seite der Medaille; das vernünftige Reagieren auf etwaige Warnungen die andere. Und die liegt nach wie vor in der Verantwortung des Menschen.

Güteklasse I: Neuronale Netze sorgen für Qualität

»Der Motor schüttelt sich.« Der erfahrene Meister hört sofort, daß der frisch aus der Produktionsstraße gekommene Motor nicht in Ordnung sein kann. Dem unbedarften Zuhörer wäre jedoch am Klang des laufenden Motors keine Besonderheit aufgefallen.

Die Fähigkeit eines geschulten Ohrs, subtile Klangunterschiede wahrnehmen zu können, läßt sich auch einem neuronalen Netzwerk beibringen. In einem Würzburger Elektromotoren-Werk der Firma Siemens horcht ein Neuro-Netz, ob der Lauf der Motoren gute Qualität verheißt. Die von einem Mikrophon aufgenommenen Laufgeräusche der Motoren werden von dem Netzwerk analysiert und so geringste Abweichungen vom perfekten Rundlauf erkannt.

Zuvor hatte das neuronale Netz während einer Trainingsphase unter fachkundiger Anleitung gelernt, den verschiedenen Klängen die richtige Diagnose zuzuordnen. Schon nach kurzer Lehrzeit war es genauso gut wie seine Lehrmeister. Die sind nun von der anstrengenden Aufgabe befreit, sich in einer Schicht das Surren von 2000 Motoren anhören zu müssen.

Was für Elektromotoren gut ist, kann für Dieselmotoren nicht schlecht sein. So mag wohl die Überlegung bei der Kölner Firma Klöckner-Humbold-Deutz (KHD) gewesen sein, als man sich dazu entschloß, ebenfalls neuronale Netzwerke zur Qualitätskontrolle von Motoren einzusetzen.

Bei den aus vielen Einzelteilen zusammengesetzten Dieselmotoren kommen zahlreiche mögliche Ursachen in Frage. Das neuronale Netzwerk hat hier nicht nur die Aufgabe, am Klang zu erkennen, ob ein Motor in Ordnung ist oder nicht. Es soll zugleich eine möglichst genaue Diagnose über die Art des Fehlers machen. Damit wird eine entsprechende Nachbesserung viel einfacher und kostengünstiger möglich, als wenn zunächst der ganze Motor wieder auseinandergenommen werden müßte.

Mit etwas höheren Tönen lassen sich Schweißnähte auf mögliche Rißbildungen untersuchen. Dazu werden die zu prüfenden Schweißnähte mit Ultraschallwellen durchstrahlt. Die vom Meßkopf aufgenommenen Reflexionen enthalten dann Informationen darüber, ob die Naht gleichförmig ist oder ob möglicherweise von außen nicht sichtbare Risse vorhanden sind.

Derartige Prüfungen werden beispielsweise in regelmäßigen Abständen an den wichtigen Druckleitungen von Kernkraftwerken durchgeführt. War es bisher üblich, die akustischen Meßdaten mit einem Recorder aufzuzeichnen und später mit Hilfe eines Computers auszuwerten, so ermöglichen jetzt neuronale Netzwerke vor Ort eine sofortige Analyse der Meßdaten.

Bei der Produktion von Mikrochips können neuronale Netze Ursachen für das Auftreten von Fehlproduktionen aufspüren. Trotz aller Vorsichtsmaßnahmen (Reinraumtechnik, Weltraumanzüge für die Mitarbeiter, Prozeßsteuerung per Computer und so weiter) ist es noch immer so, daß ein recht großer Teil der produzierten Chips nicht funktionsfähig ist. Konkrete Gründe lassen sich oft nicht ausmachen.

Ein neuronales Netzwerk, das mit allen für die Chipproduktion möglicherweise relevanten Einflußgrößen (zum Beispiel Raumtemperatur, Art des Rohmaterials, Prozeßdaten, Wochentag, Uhrzeit, Namen der beteiligten Mitarbeiter und so weiter) sowie mit der Information über die Funktionsfähigkeit der hergestellten Chips gefüttert wird, kann sich mit der Zeit ein Bild davon machen, welche Konstellation von Parametern zu schlechten Resultaten führt.

Natürlich läßt sich eine solche Korrelationsanalyse auch mit herkömmlichen Computerprogrammen vornehmen. Doch mit Hilfe eines von dem finnischen Wissenschaftler Teuvo Kohonen von der Technischen Universität Helsinki entworfenen neuronalen Netzwerkes, der sogenannten Kohonen-Karte, lassen sich Probleme dieser Art recht gut lösen. Diese Erfahrung hat beispielsweise Professor Karl Goser von der Universität Dortmund gemacht, der eine Kohonen-Karte mit immerhin 256 Produktionsparametern füttert, um herauszufinden, unter welchen Bedingungen die von ihm produzierten Neuro-Chips die beste Qualität besitzen.

Die optische Inspektion von Produkten spielt bei der Qualitätskontrolle eine besondere Rolle. Überall, wo bislang der kritische Blick eines Kontrolleurs ein Produkt als fehler- oder mangelhaft erkennt, kann grundsätzlich auch die Hilfe neuronaler Netze in Anspruch genommen werden. Entsprechend trainierte Neuro-Netzwerke werden heute eingesetzt, um die Qualität von Früchten zu ermitteln, um sie dementsprechend automatisch nach Güteklassen sortieren zu können. Solche Systeme werden etwa von der französischen Firma Mimetics oder der kalifornischen Firma HNC angeboten. Sogar zur optischen Beurteilung der Qualität von Hölzern lassen sich neuronale Netze verwenden.

Im industriellen Bereich gibt es vielfältige Möglichkeiten für optische Qualitätskontrollen – zur Kontrolle von Lötstellen auf Platinen bis hin zur Kontrolle der Homogenität von Walzstahl.

Anwendungen in der Raumfahrt

Als das 1990 ins All geschossene Weltraumteleskop »Hubble« statt der erwarteten scharfen Fotos aus den Tiefen des Alls nur Bilder mit recht bescheidener Auflösung zur Erde funkte, war die Enttäuschung bei den Wissenschaftlern sehr groß.

In dieser mißlichen Situation konnte ein neuronales Netzwerk des amerikanischen Physikers Dave Sandler seine analytische Leistungsfähigkeit unter Beweis stellen. Die von Hubble gelieferten Bilddaten wurden dem Netzwerk eingegeben, wobei es den Verzerrungsmechanismus des Teleskops »erlernte« und identifizierte. Die Oberfläche einer Linse des Hubble-Teleskops war offenbar nicht ganz korrekt gekrümmt.

Diese verblüffend einfache Einsicht hätte man möglicherweise nicht geglaubt, wären nicht andere Wissenschaftler mit fünf weiteren, konventionellen Analysemethoden zu dem gleichen Ergebnis gelangt. Das Neuro-Netz, so erläutert der für eine Firma in San Diego arbeitende Sandler nicht ohne Stolz, wäre aber von allen Verfahren das schnellste und überdies preiswerteste gewesen.

Beflügelt durch diesen Erfolg setzte sich Sandler das Ziel, sein Neuro-Netzwerk auf ein ganz ähnliches Problem anzusetzen – Sternenbeobachtung mit irdischen Teleskopen. Während bei Hubble eine defekte Optik für unscharfe Bilder verantwortlich ist, gibt es bei irdischen Teleskopen immer das Problem, daß die Atmosphäre mit ihren Luftströmungen und Turbulenzen das von den Sternen kommende Licht »verwackelt«. Der Vorteil von Teleskopen im Weltraum besteht gerade darin, daß dieser störende optische Einfluß der Erdatmosphäre umgangen wird.

Nun haben sich die Astronomen auf der Erde aber schon vor einiger Zeit eine raffinierte Methode ausgedacht, mit der der Störeinfluß des irdischen Luftmantels weitgehend ausgeschaltet werden kann. Mit Hilfe einer sogenannten adaptiven, also anpassungsfähigen Optik wird dabei die von der Atmosphäre verursachte Verzerrung des beobachteten Himmelsobjekts durch eine entsprechende Gegenverzerrung wieder rückgängig gemacht. Die Teleskopspiegel sind also nicht starr, sondern können flexibel eingestellt werden. Doch woher können die Teleskopspiegel wissen, welche Turbulenzen gerade das Bild in welcher Weise beeinträchtigen, und wie daher gegengesteuert werden muß?

Nun, zusätzlich zum eigentlich interessierenden astronomischen Objekt wird noch ein näherer Stern beobachtet, dessen Abbild im Grunde – wäre da nicht der Einfluß der Atmosphäre – exakt punktförmig erscheinen müßte. Mit Hilfe einer aufwendigen und teuren Optik wird die Verzerrung dieser Sternenabbildung ausgewertet. Dann werden die Beobachtungsspiegel automatisch so gebogen, daß der Einfluß der Atmosphäre weitgehend eliminiert wird.

Das funktioniert. Doch es geht, wie Dave Sandler erläutert, auch einfacher. In Zusammenarbeit mit Astronomen der University of Arizona »biegt« er Sternenbilder mit einem neuronalen Netzwerk wieder gerade. Das Neuro-Netz lernt zunächst anhand einer großen Zahl von Beispielen, wie atmosphärische Störungen zu einer bestimmten Verzerrung des Sternenabbildes führen. Die Form dieser Bilder wurde zu jeweils vorgegebenen Störungen von einem normalen Computer berechnet.

Nachdem das neuronale Netzwerk dieses Wissen »verinnerlicht« hat, kann es bei einem unscharfen Bild sofort die verursachende atmosphärische Störung erkennen und die Spiegel entsprechend einrichten. »Dadurch wird«, so Sandler, »ein ganzer Raum voller Optik eingespart«. Seine Apparatur ist nur ungefähr so groß wie ein Schuhkarton.

Doch mehr noch als auf der Erde dürften neuronale Netze im Weltall bei der Erforschung des Universums eine große Rolle spielen. Jedenfalls verfolgt die NASA eine ganze Reihe entsprechender Forschungsprojekte.

Ein Beispiel ist die Entwicklung eines intelligenten Marsroboters, der eigenständig die Oberfläche unseres Nachbarplaneten erkunden könnte. Aufgrund der großen Entfernung zur Erde wäre es nicht möglich, eine solche Erkundungsfahrt per Funk von der Erde aus zu steuern. Würde das Video-Auge des fahrenden Marsmobils beispielsweise plötzlich vor sich einen Abgrund erspähen und nicht von alleine die Gefahr erkennen, so käme ein rettender Stoppbefehl aus dem irdischen Kontrollzentrum mit Sicherheit zu spät. Die zur Erde übertragenen Funkbilder kämen hier, trotz der denkbar schnellsten Reise mit Lichtgeschwindigkeit (300 000 Kilometer in der Sekunde), erst nach einigen Minuten an. Die gleiche Zeit würde dann noch einmal für die Übermittlung des Stoppbefehls benötigt. Der Roboter wäre längst in der Tiefe der Marsschlucht verschollen.

Das Marsfahrzeug müßte also in der Lage sein, aufgrund seiner optischen »Sinneseindrücke« eigenständig sinnvolle Entscheidungen zu treffen. Solche von den Forschern als »autonom« bezeichneten Robotersysteme lassen sich nach heutigem Kenntnisstand nur durch eine angepaßte neuronale Architektur realisieren. Schließlich kann man das Marsfahrzeug nicht mit einem Großrechner ausstatten.

Das automatische Andocken von zwei Raumfahrzeugen, die Steuerung des Shuttle-Greifarms oder automatisch durchgeführte Landungen sind weitere Robotik-Aufgaben, die die NASA-Forscher künftig von neuronalen Netzen ausführen lassen möchten. Entsprechende Entwicklungsprogramme sind in den Forschungslabors der NASA bereits angelaufen.

Mit Hilfe neuronaler Netze könnten auch die bei wissenschaftlichen Experimenten im All anfallenden Datenberge durchforstet und gefiltert werden. Das gleiche gilt für die von Satelliten zur Erde gefunkten gewaltigen Datenflüsse.

Auch bei der medizinischen Überwachung der Astronauten fallen täglich große Mengen von Daten an. Neuronale Netze könnten hier die Rolle eines Arztes übernehmen, der die Meßdaten ständig überwacht und analysiert. Diagnoseaufgaben könnten Neuro-Netze auch für die Elektronik und andere technische Systeme an Bord übernehmen.

Noch ein weiteres Einsatzfeld haben die NASA-Wissenschaftler für neuronale Netzwerke im Weltall ausgemacht: Sie könnten als strahlungsbeständige Datenspeicher genutzt werden. Außerhalb der schützenden Erdatmosphäre sind alle Objekte der sogenannten kosmischen Strahlung ausgesetzt. Diese Strahlung besteht aus energiereichen, elektrisch geladenen Teilchen (unter anderem Protonen), die aus den Tiefen des Alls kommen, ohne daß die Astrophysiker ihren Entstehungsmechanismus bislang befriedigend erklären konnten.

Treffen diese Teilchen auf ein gewöhnliches Speicherchip oder eine Magnetplatte, so kann die an der betreffenden Stelle abgelegte Information verlorengehen – ein großes Problem, wenn man bedenkt, wieviel Software in Raumfahrzeugen mit an Bord ist.

Neuronale Speicherchips könnten dieses Problem jedoch elegant lösen. Da sie bestimmte Informationen nicht an einer festgelegten Stelle, sondern über das ganze Neuronen-Netz verteilt speichern, führt die Zerstörung einzelner Elemente noch nicht zum Verlust der Daten. Man darf sich diesen Effekt ganz analog zum Gehirn vorstellen, das ja durch das tägliche Absterben einzelner Zellen auch keine Informationen gänzlich vergißt. Selbst Operationen, bei denen größere Teile eines Gehirns entfernt werden, müssen keinen Totalverlust einzelner Erinnerungen zur Folge haben. Vielmehr werden in solchen Fällen meist alle Daten insgesamt nur ein wenig »schwammiger«.

Im Hopfieldschen Hügelmodell kann man sich das so veranschaulichen, daß die Erinnerungstäler ein wenig flacher werden, jedoch nicht völlig verschwinden. Erst wenn sehr viele Neuronen zerstört sind, werden die Täler irgendwann einmal wirklich verschwunden sein.

Am Jet Propulsion Laboratory der NASA in Pasadena bei Los Angeles hat man bereits erste strahlenresistente neuronale Datenspeicher aus dünnen Filmen einer speziellen Chrom-Silizium-Legierung entwickelt. Diese Speicher, die allerdings nur die bei der Herstellung des Chips eingegebenen Daten bergen und später nicht mehr überschrieben werden können, bieten auf jedem Quadratzentimeter Platz für eine Milliarde Informationseinheiten (Bits). Doch auch an wiederbeschreibbaren neuronalen Datenspeichern wird bei der NASA gearbeitet.

Nicht zuletzt hat die NASA in Zusammenarbeit mit dem California Institute of Technology einen Silizium-Neuro-Chip mit 256 Neuronen und 65 536 Synapsen entwickelt, der für Aufgabenstellungen von der Robotik bis zur Datenanalyse an Bord verwendet werden soll. Durch den Einsatz dieser Neuro-Chips sollen auf der Erde überdies bestimmte, bislang auf Supercomputern durchgeführte aufwendige Berechnungen – wie etwa die Simulation geophysikalischer oder atmosphärischer Prozesse von Planeten – nun bis zu tausendmal schneller durchführbar sein.

Im Jet Propulsion Laboratory arbeiten Wissenschaftler überdies an der Entwicklung eines neuronalen Systems, das Raumfahrzeugen und Satelliten ermöglichen soll, ihre Orientierung im Raum bestimmen zu können. Die Grundidee besteht darin, sich an der Position der Sterne zu orientieren – ähnlich, wie dies Seefahrer bereits seit Jahrhunderten tun.

Allerdings ist die Situation im All ein wenig komplizierter. Als mögliche Perspektive kommen hier buchstäblich alle Himmelsrichtungen in Frage, und man kann beispielsweise nicht einfach davon ausgehen, daß der Stern just über dem Mast des Schiffes der berühmte Polarstern ist.

Das neuronale Netzwerk soll also bei einem beliebigen Blick ins All erkennen, um welche Richtung es sich handelt. Es soll die entsprechenden Sterne an den von ihnen gebildeten charakteristischen Mustern erkennen, wobei natürlich außerdem die Beobachtungskamera um einen beliebigen Winkel verdreht sein kann – wahrlich keine leichte Aufgabe, wenn man an die Vielzahl der himmlischen Lichtpünktchen denkt.

Zur Bewältigung dieses kosmischen Problems der Mustererkennung wird das Netzwerk mit Sternenkarten gefüttert, in denen Sterne ab einer bestimmten Mindesthelligkeit enthalten sind. Das Netzwerk lernt, diesen recht abstrakten Mustern die entsprechende Himmelsregion zuzuordnen. Später soll sich das Netzwerk aufgrund seines erlernten Wissens an bestimmte Himmelsregionen eigenständig erinnern können. Ein ehrgeiziges Forschungsziel, dessen Erfolg im doppelten Sinne in den Sternen steht.

Neuronale Netze in der Militärtechnik

Wenn sich ein amerikanischer Wissenschaftler am Ende eines Forschungsberichts bei der U.S.-Navy oder der Air-Force für die finanzielle Unterstützung seiner Arbeit bedankt, so ist dies in den Vereinigten Staaten ganz und gar nicht außergewöhnlich. In den USA wird, anders als in den meisten europäischen Staaten, ein großer Teil sowohl der angewandten Forschung als auch der Grundlagenforschung aus Finanztöpfen des US-Verteidigungsministeriums bedient. Die im Rahmen dieser Arbeiten gewonnenen Ergebnisse sind in aller Regel nicht klassifiziert, das heißt, sie unterliegen keiner Geheimhaltung und dürfen frei publiziert werden. Es kommt auch vor, daß zunächst unter Geheimhaltung durchgeführte Entwicklungsarbeiten später freigegeben werden und das Know-how für kommerzielle Produkte vermarktet werden darf.

Allein die Defence Advanced Research Projects Agency (DARPA) in Washington vergibt jährlich rund 1,5 Milliarden Dollar an amerikanische Forschergruppen. Dazu gesellen sich dann noch Gelder des AFOSR (Air Force Office for Scientific Research) und des ONR (Office of Naval Research). Daß die genannten Institutionen auch die amerikanische Forschung im Bereich der neuronalen Netzwerke mit mehr als zwanzig Millionen Dollar pro Jahr unterstützen, ist für amerikanische Verhältnisse nichts Besonderes, und doch ist die Situation hier ein wenig verschieden von der in anderen Forschungsfeldern: Neuronale Netzwerke sind für viele militärische Anwendungen geradezu prädestiniert.

»Nein, die Labors, in denen wir neuronale Netzwerke entwickeln, können wir Ihnen leider nicht zeigen.« Freundlich, aber bestimmt werden neugierige Journalisten bei der Firma SAIC (Science Applications International Corporation) in San Diego abgewiesen. Der Grund: Viele der hier durchgeführten Neuro-Projekte sind »classified« und werden im Auftrag des Pentagon durchgeführt.

Was hier die SAIC-Forscher mit Hilfe von Neurochips und Neuro-Software erreichen möchten, ist beispielsweise eine bessere Ortbarkeit von Unterseebooten. Noch immer ist es so, daß fahrende U-Boote unvermeidlich Geräusche produzieren, die sich mit empfindlichen Unterwassermikrophonen auch noch in größerer Entfernung registrieren lassen. Durch seine charakteristische akustische Signatur verrät ein U-Boot nicht nur seine Anwesenheit, sondern auch seinen Typ.

Allerdings kann die Identifizierung dieser Geräusche durch eine Fülle von Störgeräuschen erschwert werden. Da bieten sich neuronale Netze als Helfer an. Sie können nämlich darauf trainiert werden, bestimmte Geräusche auch aus einem akustischen Durcheinander herauszuhören und damit die Nachweisempfindlichkeit für U-Boote deutlich zu erhöhen.

Neben der Analyse akustischer Signale interessieren sich die Militärs besonders auch für die intelligente Verarbeitung optischer Informationen. In diesem Bereich gibt es eine ganze Reihe von geheimen Forschungsvorhaben: Neuronale Netze sollen Schlachtfelder analysieren, ballistische Raketen anhand ihrer Radarbilder erkennen oder anfliegende Flugzeuge automatisch identifizieren.

Bei all diesen Anwendungsmöglichkeiten neuronaler Netzwerke spielt ihre Lern- und Erinnerungsfähigkeit eine große Rolle. In einer Trainingsphase wird dem Netzwerk zunächst beigebracht, welches Objekt einer bestimmten Signatur auf dem Radar- oder Sonarschirm zugeordnet werden kann. Im Einsatz wird sich das Netzwerk dann später an die entsprechenden Muster erinnern, auch dann – und das ist in der Realität nun einmal öfters der Fall –, wenn die Daten gestört oder verrauscht sind.

Das zu erkennende Muster kann beispielsweise ein Panzer und das die Beobachtung störende Rauschen ein dichter Nebelvorhang sein. Auf dem Bild, das uns eine auf dem im Nebel verborgenen Panzer gerichtete Kamera zeigt, würden wir mit unserem Auge nur eine gleichmäßig weiße Wand erkennen. Durch das Aufaddieren mehrerer hundert solcher Bilder und eine aufwendige elektronische Bildverarbeitung kann es in solchen Fällen bislang schon – auch ohne Verwendung neuronaler Netze – möglich sein, einen zarten Umriß des Panzers zu erhaschen. Das von dem Nebel erzeugte »optische

Rauschen« verändert sich nämlich von Bild zu Bild und wird durch die Addition der Bilder herausgemittelt. Der Umriß des sich immer an der gleichen Stelle befindlichen Panzers wird hingegen durch jede Bildaddition verstärkt.

Neuronale Netzwerke können Vergleichbares leisten, wenn sie darauf trainiert werden, das einer gleichbleibenden Struktur überlagerte Rauschen zu eliminieren. Der entscheidende Vorteil von neuronalen Chips ist jedoch bei Aufgaben dieser Art ihre vergleichsweise sehr viel größere Verarbeitungsgeschwindigkeit. Im Falle eines Falles will man nicht erst nach einer Minute Rechenzeit wissen, daß ein gegnerisches Kampfflugzeug anfliegt, sondern so schnell wie nur irgend möglich. Noch augenfälliger wird die Zeitnot der Militärs, wenn man etwa an die Steuerung einer Abfangrakete denkt, die eine schnell anfliegende Rakete treffen soll. Jegliche Kursmanöver müssen hier rasend schnell erfolgen. Der Abfangrakete bleibt da kaum Zeit, über ihre Flugrichtung »nachzudenken«.

Man kann also vermuten, daß viele der bislang produzierten Neuro-Chips Eingang in militärische Systeme gefunden haben – jedenfalls findet man sie kaum in kommerziell erhältlichen Produkten. Um noch größere Verarbeitungsgeschwindigkeiten zu erzielen, sollen im Auftrag der Militärs auch neuronale Chips aus Gallium-Arsenid in Entwicklung sein. Der Elektronikwerkstoff Gallium-Arsenid ermöglicht nämlich viel kürzere Transistorschaltzeiten als das Standardmaterial Silizium.

Grundsätzlich ist es auch möglich, mit Hilfe neuronaler Netze Angriffsziele zu identifizieren. Ein neuronales Netzwerk könnte lernen, wie ein bestimmter Panzertyp oder ein Gebäude aussieht. Es wäre dann in der Lage, das Objekt auch dann wiederzuerkennen, wenn es in seinem Aussehen durch Tarnmaßnahmen verändert worden wäre.

In Insiderkreisen erzählt man sich in diesem Zusammenhang folgende Anekdote: Man wollte einmal ein Zielfernrohr mit einem neuronalen Netzwerk ausstatten und es darauf trainieren, eigenständig Panzer zu erkennen. Man zeigte dem neuronalen Netz also während der Trainingsphase Bilder, auf denen Panzer aus verschiedensten Perspektiven zu sehen waren, und »sagte« dem System: Das ist ein Panzer. Ebenso wurden dem neuronalen Netz Bilder gezeigt, auf denen kein Panzer zu sehen war, und ihm entsprechend beigebracht: Das ist kein Panzer.

Schließlich sollte das Netzwerk bei einem vorgelegten Bild eigenständig entscheiden, ob ein Panzer zu sehen ist oder nicht. Zur großen Verblüffung der beteiligten Wissenschaftler löste das neuronale Netz diese Aufgabe absolut perfekt – so sehr man den auf dem Bild vorhandenen Panzer auch verdeckte oder veränderte. Selbst der kleinste Zipfel einer Radkette schien noch zu reichen, um den Panzer zu erkennen.

Die Wissenschaftler wurden mißtrauisch. So gut konnte das System einfach nicht sein. Kein menschliches Auge hätte auf diesen Bildern einen Panzer ausmachen können. Nach längerem Überlegen konnten sie sich schließlich das verblüffende Resultat erklären: Die Bilder mit einem Panzer waren allesamt bei sonnigem Wetter, die Bilder ohne Panzer bei bedecktem Himmel aufgenommen worden. Was das neuronale Netzwerk gelernt hatte, war also einfach, schönes von schlechterem Wetter zu unterscheiden!

Diese Geschichte zeigt, mit welchen unerwarteten Problemen man beim Trainieren von neuronalen Netzen rechnen muß. Es ist schwierig zu durchschauen, was ein Netzwerk wirklich gelernt hat, da ja sein Gedächtnis über alle Synapsen des Systems verteilt ist. Kritiker werfen den neuronalen Netzen denn auch vor, daß man nie so genau wüßte, was sie eigentlich gelernt haben und wie sie sich daher in einer künftigen Situation verhalten werden.

Bei den klassischen Programmiermethoden der KI läßt sich hingegen logisch exakt genau zurückverfolgen, warum der Computer eine Entscheidung so und nicht anders getroffen hat. »Menschenähnlicher« sind die neuronalen Netzwerke da allemal. Denn auch wir Menschen können ja in den seltensten Fällen eine präzise logische Begründung für all die wichtigen Entscheidungen angeben, die wir im Laufe eines Lebens zu treffen haben. Wir verlassen uns da meist ganz erfolgreich auf unsere Intuition. Und so etwas wie Intuition, eine subtile Fähigkeit zur Abstraktion gemachter Erfahrungen, können wir denn wohl auch den neuronalen Netzen zuschreiben.

»Schade, daß ich Ihnen von einigen spannenden Forschungsprojekten nichts erzählen darf«, entschuldigt sich Robert Hecht-Nielsen. Auch seine Firma ist mit militärischen Forschungsaufträgen betraut. Doch selbst das wenige, was er berichten darf, klingt schon recht interessant. In Zusammenarbeit mit der US-Luftwaffe hat seine Firma ein neuronales Netz entwickelt, das den optimalen Abfangkurs eines Militärjets berechnen kann. Auf jedes noch so geschickte und unerwartete Ausweichmanöver der abzufangenden Maschine reagiert das Neuro-Netz blitzschnell mit einer entsprechenden Kurskorrektur. Anhand von Übungsbeispielen hatte das neuronale Netz gelernt, wie es in bestimmten Situationen reagieren soll. Später konnte es dann selbst in neuen und schwierigeren Situationen adäquat reagieren.

Mit ein wenig Phantasie kann man sich da vorstellen, daß in nicht allzu ferner Zukunft Kampfflugzeuge und Panzer nicht mehr von Menschen, sondern von »intelligenten« Maschinen gesteuert sein werden. Die von optischen, akustischen und chemischen Sensoren aufgenommenen Daten würden von neuronalen Netzen analysiert, die extrahierte Information von einem weiteren neuronalen Netz verarbeitet und entsprechende Steuersignale an Antriebs- und Waffensysteme weitergeleitet. Über mobile Funkverbindungen stünden die einzelnen Roboter miteinander – und mit der Zentrale – in Verbindung. Maschinen würden gegen Maschinen kämpfen.

Doch vielleicht wird es den Militärs künftig ja genügen, mit Hilfe neuronaler Netze strategische Sandkastenspiele durchzuführen und ganze Schlachten elektronisch zu simulieren . . .

Auf Herz und Nieren: Einsatz neuronaler Netze in der Medizin

Wenn in der Universitätsklinik von Denver ein Patient auf dem Operationstisch liegt, überwacht ein neuronales Netzwerk die Atmung des Patienten. Es analysiert kontinuierlich alle relevanten Meßdaten und kann sofort Alarm schlagen, wenn auch nur die kleinste Anomalie erkannt wird.

In ähnlicher Weise können neuronale Netze die komplizierten Zacken einer EKG-Kurve analysieren. An der Form dieser vom Herzen ausgehenden elektrischen Signale lassen sich in vielen Fällen Aussagen über die Art einer Herzschädigung machen. Eine Kontrolle von Blutdruckwerten durch Neuro-Netze ist ebenfalls möglich. Auch die Fähigkeit der neuronalen Netze, komplizierte Pläne zu optimieren, läßt sich im medizinischen Bereich in vielfältiger Weise nutzen – von der Diätplanerstellung bis hin zur OP-Planung.

Krebszellen unterscheiden sich in ihrem Aussehen von gesunden Zellen. Ein erfahrener Arzt kann sie unter dem Mikroskop identifizieren. Das, was hier ein Gehirn an optischer Mustererkennung leistet, läßt sich auch an ein neuronales Netz delegieren. Die Firma Neuromedical Systems in New York betreibt ein derartiges System. Da es keine Konzentrationsschwächen oder Müdigkeit kennt, stellt es Diagnosen mit einer geringeren Fehlerrate als ein Mensch.

Es gibt Erkrankungen, die sich an einer veränderten Form der Blutkörperchen erkennen lassen. Ein Beispiel ist die sogenannte Sichelzellenanämie, bei der die roten Blutkörperchen ein sichelförmiges Aussehen haben. Mit Hilfe eines neuronalen Netzes können selbst geringe Abweichungen von der normalen Gestalt entdeckt werden.

Mit einer besonders interessanten Anwendung neuronaler Netze befassen sich derzeit Forscher der Firma Siemens und der Universität Erlangen. Es geht darum, die von menschlichen Gehirnen erzeugten Magnetfelder genauer als bisher messen zu können.

Die von den Gehirnströmen erzeugten Magnetfelder können von empfindlichen Sensoren registriert werden (MEG-Messung). Veränderungen der normalen Magnetfeldstärke bedeuten eine entsprechende Anomalie in der elektrischen Aktivität, so daß auf lokale funktionelle Störungen geschlossen werden kann. Solche Störungen können beispielsweise durch einen Tumor oder ein Epilepsiezentrum verursacht werden.

Nun sind aber die von den Nervenzellen erzeugten Magnetfelder außerordentlich klein – rund zehn millionenmal schwächer als das ohnehin schon winzige Erdmagnetfeld. Um MEG-Messungen

durchführen zu können, muß also der Untersuchungsraum mit Spe-
zialmetallen von allen magnetischen Feldern strikt abgeschirmt werden. Elektrische Geräte dürfen in der Nähe nicht in Betrieb sein, da
die von ihnen erzeugten Magnetfelder jede MEG-Messung vereiteln
würden.

Nun gibt es aber ein »elektrisches Gerät«, dessen Störeinfluß sich
nicht so leicht ausschalten läßt: das schlagende Herz des zu untersu-
chenden Patienten. Die zur Steuerung des Herzens notwendigen
elektrischen Ströme sind deutlich stärker als jene Ströme, mit denen
Nervenzellen ihre Informationen untereinander austauschen. Dementsprechend sind auch die von ihnen erzeugten Magnetfelder vergleichsweise groß. Sie dringen – auch wenn man die Herzregion von
außen magnetisch abschirmen würde, durch das Körperinnere ins
Gehirn und werden von den am Kopf angebrachten Magnetsensoren
registriert. Ziel der Forscher ist es nun, die periodisch auftretenden,
charakteristischen Magnetsignale des Herzens mit Hilfe eines entsprechend trainierten neuronalen Netzwerkes aus den Meßdaten
herauszufiltern. Gelänge dies, könnten künftig MEG-Messungen
empfindlicher durchgeführt und noch detailliertere Informationen
über die elektrischen Aktivitäten eines lebenden Hirns gewonnen
werden. Für die Diagnostik würde dies bedeuten, daß mit MEG-
Untersuchungen noch kleinere Bereiche des Gehirns aufgespürt
werden könnten, die durch eine Störung eine anomale elektrische
und magnetische Aktivität aufweisen.

Ein weites Anwendungsfeld steht den neuronalen Netzwerken bei
der Verarbeitung und Auswertung von Tomographiebildern offen.
Je besser es mit Hilfe intelligenter Bildverarbeitungsverfahren
gelingt, aussagefähige Informationen aus einer Röntgenaufnahme
abzuleiten, desto geringer kann die Strahlenbelastung für den
Patienten ausfallen – weil Aufnahmen eingespart oder Röntgenbil-
der mit weniger Intensität erstellt werden können.

Neben den geschilderten medizinischen Anwendungen neuronaler
Netze existiert in den Köpfen mancher Forscher eine phantastische
Vision, die ein ganz neues Kapitel der medizinischen Heilkunst

bedeuten würde: Wenn denn schon – so ihr Gedanke – neuronale Netze vom biologischen Vorbild des Nervenzellengeflechts inspiriert sind, sollte es dann nicht grundsätzlich möglich sein, geschädigte Bereiche des Rückenmarks oder Gehirns durch künstliche Implantate neuronaler Netze zu ersetzen? Könnte es so möglich sein, von Querschnittslähmung oder Schlaganfall Betroffene wieder zu einem mobilen Leben zu verhelfen oder gar andere Krankheiten des zentralen Nervensystems, wie etwa die Parkinsonsche Krankheit, zu heilen?

So vermessen dieses Ziel derzeit noch erscheinen mag – an der Universität von Stanford machen sich Wissenschaftler schon seit einigen Jahren darüber Gedanken, und in Hannover plant eine engagierte Gruppe von Wissenschaftlern und Ärzten auf Initiative des Neurochirurgen Madjid Samii die Gründung eines internationalen Instituts, in dem moderne Datenverarbeitungstechnologien für die Substitution von gestörten Gehirnfunktionen nutzbar gemacht werden sollen.

Wenn die Finanzierung gesichert werden kann, soll möglicherweise schon 1993 Baubeginn für das »Internationale Neurobionik-Institut (INI)« in Hannover sein. Rund hundert Fachwissenschaftler aus den Bereichen Molekularbiologie, molekulare Elektronik, Biophysik, Biokybernetik, Gehirnforschung, Neuroinformatik, Hard- und Softwareentwicklung, Robotik und Neurochirurgie sollen dann – so die Planung – gemeinsam die ehrgeizige Aufgabe anpacken, eine Brücke zwischen biologischen und technischen Neuronen-Netzen zu schlagen.

Es wird auf jeden Fall ein weiter Forschungsweg mit zahlreichen Hindernissen sein, bis das Ziel der technischen Überbrückung gestörter Nervenbahnen erreicht sein könnte. Doch man läuft nicht ganz ins Dunkel, der Verlauf der Straße läßt sich schon grob erkennen, und der Neuroinformatiker Rolf Eckmiller signalisiert: »Die Zeit ist reif. Geben wir der Idee eine Chance.«

Zum einen müssen die biologischen Nervenfunktionen noch besser als bisher verstanden werden, um sie entsprechend mit Neuro-Chips nachahmen zu können. Dann muß es gelingen, diese Chips mit den noch funktionsfähigen Nervenenden dauerhaft zu verschalten –

vielleicht das größte Problem bei diesem Forschungsvorhaben. Doch die Wissenschaftler haben hier gleich mehrere Lösungsstrategien anzubieten: Zum einen ist es denkbar, elektrisch leitfähige Proteine – es gibt sie bereits – als Verbindungsleitungen zwischen Chip und Nervenzellen zu verwenden. Damit diese Proteine an die gewünschten Zellen andocken, könnte man sie mit geeigneten Antikörpern ausstatten. Diese würden dann selektiv den Weg zu den betreffenden Nervenzellen bahnen.

Bei einer anderen Idee wird darauf gesetzt, zwischen den gesunden Nervenzellen und dem Chip die Verbindung über Zwischenneurone herzustellen. Diese könnten etwa aus embryonalen Zellen gewonnen und dann durch sogenannte Wachstumsfaktoren dazu gebracht werden, in gewünschter Weise zu sprießen.

Daß sich Nervenzellen gut mit Silizium-Chips verbinden lassen, ist aus verschiedenen Untersuchungen bereits bekannt. Mit Hilfe eines Peptids klebten Wissenschaftler am Institut für Biophysik der Universität Ulm eine Nervenzelle auf den Eingang eines Feldeffekttransistors und konnten dann die elektrischen Signale der Zelle mit diesem Transistor registrieren. Mithin haben sie eine »Synapse« zwischen einem biologischen und einem technischen System der Informationsverarbeitung hergestellt.

Dem amerikanischen Wissenschaftler Günter Groß gelang es an der University of North-Texas gar, mehrere hundert Neuronen auf einer Silizium-Oberfläche aufwachsen zu lassen, und Bernard Widrow von der Stanford University ließ durch bis zu 2000 parallele Keramikröhrchen je ein Axon einer Nervenzelle wachsen. An den Enden der winzigen Röhrchen befindet sich jeweils eine Metallelek-

Abb. 25 (siehe rechte Seite): Mit Hilfe künstlicher neuronaler Netzwerke, so glauben manche Wissenschaftler, könnte es dereinst möglich sein, Querschnittgelähmten zu helfen. Dabei sollen die unterbrochenen Nervenleitungen mit Hilfe von Neuro-Chips überbrückt werden, so daß die vom Gehirn generierten Steuersignale wieder die Muskelfasern erreichen könnten. Umgekehrt könnten von den betroffenen Gliedmaßen sensorische Daten (zum Beispiel über Druck oder Temperatur) über ein Neuro-Chip an das Gehirn gemeldet werden. Beim gegenwärtigen Stand der Forschung ist es allerdings noch viel zu früh, betroffenen Menschen Hoffnung auf Heilung zu machen.

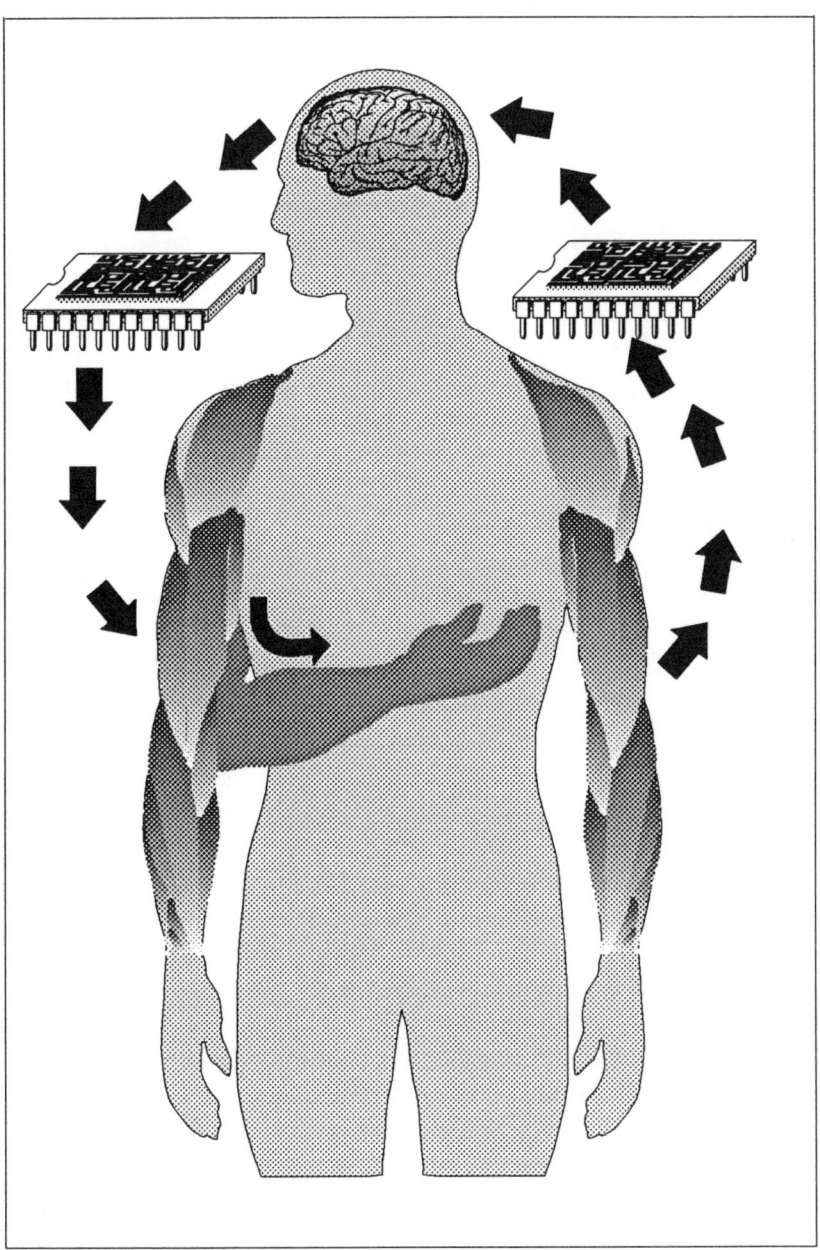

trode, durch die Signale von den Neuronen abgeleitet werden können.

Eine vergleichsweise simple Verbindungsmöglichkeit besteht in einer Verwendung von winzigen Metallelektroden, die ringförmig um eine Nervenfaser gewickelt werden, um Signale zwischen dem biologischen und dem technischen System zu übertragen. Schon heute wird diese Methode in der klinischen Praxis eingesetzt, wenn etwa einem Querschnittsgelähmten eine künstliche Reizleitung gelegt wird, über die er den Schließmuskel der Blase betätigen kann. In diesem Fall reicht es jedoch, einen Nerv mit einer Ringelektrode zu reizen. Eine sehr große Zahl biotechnischer Signalverbindungen läßt sich mit dieser Methode jedoch sicher nicht erreichen. Um einem Querschnittsgelähmten zu helfen, müßte immerhin eine recht beachtliche Anzahl der insgesamt 800 000 Nervenleitungen im Rückenmark verschaltet werden.

Hier wird noch ein weiteres Problem des ehrgeizigen INI-Forschungsziels deutlich: Die Nervenleitungen des Rückenmarks besitzen im Gegensatz zu einem vieladrigen Telefonkabel keine Markierung durch Farbring oder ähnliches. Folglich kann der Neurochirurg nicht wissen, welche Nervenfaser auf der einen Seite mit welchem Neuron auf der anderen Seite des Chips früher einmal verbunden gewesen ist.

Das zwischengeschaltete Neuro-Chip muß also lernfähig sein, um die Verschaltung der verschiedenen Nerveneingänge so zu organisieren, daß der Patient die gewünschten Muskelsteuerungen auch ausführen kann. Ansätze für derartige neuronale Netze, die durch eine Gut-Schlecht-Rückmeldung ihr Verhalten trainieren, gibt es bereits.

Die INI-Wissenschaftler sind sich über die Langfristigkeit ihrer Ambitionen durchaus bewußt und haben sich zunächst kleinere Etappen gesetzt – zum Beispiel in bestimmten Fällen von Taubheit die Hörfähigkeit mittels Neuro-Chips wiederherzustellen.

Schon heute ist es möglich, Patienten mit einem funktionsuntüchtigen Innenohr (Gehörschnecke) bei allerdings noch intaktem Hörnerv zu helfen. Ihnen kann als Ersatz für die Gehörschnecke (Cochlea) ein Implantat eingesetzt werden. Dieses wandelt die von einem

Mikrophon aufgenommenen Schallsignale in elektrische Pulse, die dann über eine 20- bis 30polige Elektrode auf den Hörnerv geleitet werden.

Nun darf man zwar leider nicht glauben, daß durch eine solche Maßnahme der Hörsinn wieder vollständig hergestellt werden kann; der zuvor taube Patient wird aber durch das Implantat immerhin in die Lage versetzt, akustische Signale zumindest rudimentär wahrnehmen zu können.

Die INI-Forscher hoffen nun, daß ein solches Cochlea-Implantat mit Hilfe eines eingebauten Neuro-Chips dem Betroffenen sehr viel realitätsnähere Schalleindrücke ermöglichen könnte. Das implantierte neuronale Netzwerk könnte die Hörfähigkeit optimieren, indem es lernt, eingehende Schallsignale so zu verarbeiten, daß die an den Hörnerv weitergeleiteten Signale im Gehirn einen möglichst naturgetreuen Sinneseindruck erzeugen. In der Lernphase wäre das neuronale Netz auf die Kritik des Patienten angewiesen, die im einfachsten Fall aus den zwei Meldungen »besser« oder »schlechter« bestünde und das Netzwerk mit diesen Regieanweisungen in die richtige Richtung trimmt.

Der nächste Schritt könnte dann sein, Patienten zu helfen, bei denen auch der Hörnerv – zum Beispiel durch eine Tumoroperation – zerstört wurde. Mit Hilfe eines geeigneten Neuro-Chips könnte es nach Ansicht des am INI-Projekt beteiligten Neurochirurgen Hans-Werner Bothe möglich werden, Signale direkt in die entsprechenden Empfangszonen im Gehirn zu leiten.

Auch Blinden könnte mit einer solchen Technologie möglicherweise geholfen werden, wenn die Ursache der Blindheit im Auge selbst zu suchen ist. Ein künstliches Auge, bestehend aus einer Linse und einer Silizium-Netzhaut, ähnlich wie sie bereits am California Institute of Technology entwickelt worden ist, müßte »nur« an den Sehnerv angeschlossen werden, um das Gehirn mit visuellen Informationen zu versorgen.

Es bleibt abzuwarten, ob und wann die Verbindung von biologischen und künstlichen Neuronen-Netzen wirklich Bedeutung für die Therapie gewinnen wird. Gleichwohl drängen sich schon heute in diesem Zusammenhang eine ganze Reihe grundsätzlicher und ethischer Fragen auf. Sollte es wirklich technisch machbar werden, Nervenschaltkreise dauerhaft durch Elektronik-Implantate zu ersetzen, beziehungsweise biologische und technische Systeme der Datenverarbeitung miteinander zu verknüpfen, dann bedeutet dies nicht nur eine Hoffnung für Lahme, Taube und Blinde. Dann bedeutet dies auch bisher nicht gekannte Möglichkeiten der Manipulation am »Organ der Freiheit«.

Perspektiven
neuronaler Technik

Die heutigen neuronalen Netze werden von den meisten Neuroinformatikern eher als Zwischenschritt denn als ausgereifte Technologie angesehen. Schließlich müssen die heute verfügbaren neuronalen Netze aus einigen hundert oder einigen tausend »Neuronen« geradezu als Spielzeug erscheinen, wenn man sie mit den komplexen Neuronen-Netzwerken biologischer Hirne und deren Leistungsfähigkeit vergleicht. Zwar lassen sich mit ihnen bereits heute viele schwierige Aufgaben elegant meistern, doch eigentlich müßte die Konzeptquelle Gehirn noch viel ergiebiger sein. Um leistungsfähigere neuronale Netze nach dem Vorbild des Gehirns zu entwickeln, schlagen die Forscher unterschiedliche Wege ein.

Die einen versuchen, auf der Abstraktionsebene des Nervennetzgeflechtes detailliertere Kenntnisse der neuronalen Signalverarbeitung zu gewinnen und diese dann auf technische neuronale Netze mit einer entsprechend großen Zahl von künstlichen Neuronen zu übertragen.

Andere glauben, daß man das funktionelle Geschehen eines Gehirns nur dann begreifen kann, wenn man die zugrundeliegenden molekularbiologischen Mechanismen durchschaut – also eine Abstraktionsebene tiefer an die Fragestellung herangeht.

Wieder andere schlagen einen Weg in die umgekehrte Richtung vor. Nach ihrer Ansicht kommt es gar nicht so sehr auf die Details der neuronalen Vorgänge, geschweige denn der ihnen zugrundeliegenden biochemischen Mechanismen an. Vielmehr müsse man das Gehirn auf der Ebene von Nervenzellverbänden mit seiner globalen neuronalen Architektur betrachten und hier die Wechselwirkungsmechanismen erforschen. Am Beispiel des Fernsehgerätes verdeutlicht bedeutet dies: Es ist nicht so wichtig zu verstehen, wie die einzelnen Transistoren im Detail funktionieren; viel wichtiger ist die globale Interaktion der verschiedenen funktionellen Baugruppen. Die Einzelfunktionen könnten dabei technisch durchaus unterschiedlich realisiert sein: Ein Fernseher kann in Röhren- oder Transistortechnik gebaut werden.

Diese Betrachtungsweise ist noch am ehesten mit der klassischen KI-Forschung verwandt, die in globalen psychologischen Kategorien denkt und entsprechende Funktionen in Software zu übertragen versucht – bislang allerdings ohne allzu großen Erfolg, wenn man das Erreichte mit der Leistungsfähigkeit unseres Gehirns mißt.

Schließlich gibt es Forscher, die nicht daran glauben, daß sich die große Komplexität eines Gehirns – so wie wir es als Ergebnis der Evolution vorfinden – wirklich am »fertigen Objekt« durchschauen läßt. Es könnte, so schlagen sie vor, erfolgversprechender sein, die Evolution bis hin zum menschlichen Gehirn zu erforschen. Ein besseres Verstehen dieses Entwicklungsweges vom Einfachen zum immer Komplexeren könnte für die technische Imitation intelligenter Funktionen nützlich sein.

Am Ende werden wohl – wie so oft – alle Forschungsansätze zum Verständnis beitragen. Doch wie auch immer: Der »Angriff« auf die Geheimnisse in unseren Köpfen wird auf breiter wissenschaftlicher Front vorgetragen. Welche Möglichkeiten sich durch die Übertragung dieses Know-hows auf technische Systeme einmal ergeben könnten, vermag heute noch niemand zu sagen.

In diesem Kapitel werden einige weitergehende Konzepte für neuronale Netzwerke vorgestellt, die schon heute von Neuroinformatikern verfolgt werden. So hoffen etwa manche Forscher, durch die Kombination neuronaler Netze mit der als Fuzzy-Logik bezeichneten »unscharfen« Verarbeitung von Informationen neue Anwendungsmöglichkeiten zu erschließen.

Neuronale Netze, die – streng nach dem Vorbild der Biologie – den internen Datenaustausch durch elektrische Pulse abwickeln, könnten möglicherweise die in einem Gehirn ablaufenden Prozesse besser imitieren.

Von optisch arbeitenden neuronalen Netzen erhoffen sich wiederum andere Forscher die technische Realisierung sehr großer Netzwerke mit einer entsprechend hohen Anzahl lernfähiger Synapsen.

Schließlich gibt es verschiedene Vorschläge, neuronale Funktionsmechanismen mit Hilfe geeigneter »elektronischer Moleküle« nachzubilden oder gar lebende Nervenzellen mit Schaltkreisen zu verknüpfen.

Unscharfe Konzepte: Neuronale Netze und Fuzzy-Logik

Immer häufiger findet man auf japanischen Videokameras und elektronischen Haushaltsgeräten die Aufschrift »Fuzzy Control« oder »Fuzzy Logik«. Hinter diesen Worten verbirgt sich ein neues Konzept der Kommunikation zwischen Mensch und Maschine, das der menschlichen Beschreibungsweise von Wirklichkeit sehr entgegenkommt.

Das englische Wort »fuzzy« kann man mit »unscharf« oder »ungenau« übersetzen, und elektronische »Fuzzy-Systeme« sind Datenverarbeitungsmaschinen, die nicht nach den strengen Regeln der mathematischen Logik arbeiten, sondern bei ihren »Schlußfolgerungen« eher »über den Daumen peilen«. Worin sollen nun aber die Vorzüge einer Technologie bestehen, die auf Präzision verzichtet und nur mit vagen Aussagen operiert? Sind nicht die heute verfügbaren mikroelektronischen Logik-Chips ohne weiteres in der Lage, auch »exakte« Entscheidungen zu treffen?

Zunächst einmal darf man feststellen, daß wir Menschen auch – oder gerade – ganz gut durchs Leben kommen, wenn wir Entscheidungen nicht bis ins letzte nach präzise nachvollziehbaren logischen Gesetzmäßigkeiten fällen. Offenbar sind wir »irgendwie« in der Lage, aus einer Flut von Faktoren die für eine Schlußfolgerung relevante Essenz herauszudestillieren – auch, wenn die einzelnen zur Entscheidungsfindung benötigten Faktoren nur ungenau oder unvollständig bekannt sind.

Eine auf logischen Operationen basierende Entscheidung wäre

überhaupt nur möglich, wenn alle unter Umständen wichtigen Faktoren genau bekannt wären und sich in einer mathematisch verarbeitbaren Form darstellen ließen. Im wirklichen Leben ist dies jedoch so gut wie nie möglich.

Selbst bei einer recht einfachen Entscheidung wie der Frage, ob man in einer bestimmten Situation auf der Autobahn bremsen solle oder nicht, kommt man mit Logik allein nicht sehr weit. Wir werten beispielsweise den Abstand zum vorausfahrenden Auto in Kategorien wie »Abstand ausreichend« oder »Abstand zu gering«, ohne dabei die genaue Meterzahl zu kennen. Und die Fahrbahnbeschaffenheit beurteilen wir grob als »trocken«, »leicht befroren« oder »naß«. Weitere Faktoren, wie die bestehenden Sichtverhältnisse oder die Höhe der eigenen Geschwindigkeit, gehen ebenfalls als unscharf definierte Größen in unser »Kalkül« ein.

Insgesamt finden wir dann in der Regel eine der betreffenden Situation angemessene Reaktion, ohne daß wir wirklich gewußt haben: Abstand zum Vordermann 37,8 Meter, Geschwindigkeit des Vordermanns 121 km/h – reduziert von 135 km/h vor 0,5 Sekunden, eigene Geschwindigkeit 125 km/h, Bodentemperatur minus 2 Grad Celsius, Reibungskoeffizient der Fahrbahn 0,63 und so weiter und so weiter.

Ein mit diesen Informationen gefütterter Computer hätte mit Hilfe eines geeigneten Programms sicherlich auch richtig reagieren können, doch offenbar ist diese Flut präziser Daten zur Entscheidungsfindung gar nicht notwendig. Das gleiche gilt für viele andere technische Probleme. Der Aufwand, große Datenmengen präzise zu verarbeiten, lohnt oft nicht – weil man mit weniger Aufwand – und damit in kürzerer Zeit – zum gleichen Resultat gelangen kann. Außerdem wird im Zeitalter der mit vielen Stellen arbeitenden Taschenrechner und Computer manchmal vergessen, daß viele Ausgangs- oder Meßdaten gar nicht in der Präzision bekannt sind, wie uns die Anzahl der Ziffern hinter dem Komma suggerieren mag.

Was die Richtigkeit von Aussagen betrifft, ist es in der Wirklichkeit außerdem keinesfalls so, daß man sie alle so einfach in die Kategorien »wahr« und »falsch« einsortieren könnte, wie es für eine

Bearbeitung mit Hilfe der konventionellen, »zweiwertigen« Logik eigentlich erforderlich wäre. Die Fuzzy-Logik kann hingegen auch etwas mit Wahrheitswerten anfangen, die wir als »wahrscheinlich richtig« oder als »nicht ganz auszuschließen« bezeichnen. Sie kann mit beliebigen Wahrheitswerten zwischen 0 (falsch) und 1 (richtig) umgehen und erlaubt dadurch eine angemessene Bearbeitung von realen Problemstellungen. Zum Beispiel erlaubt die Fuzzy-Logik den Wahrheitswert 0,5. Der würde dann soviel wie »halbwahr« bedeuten.

Der entscheidende Vorzug von Fuzzy-Datenverarbeitungssystemen besteht nun darin, daß sie dort auf Präzision verzichten, wo diese nicht erforderlich ist. Damit ermöglichen sie einerseits eine Leistungssteigerung durch eine vereinfachte Strategie der Problemlösung. Zum anderen sind Fuzzy-Systeme gerade wegen ihrer Unschärfe bedienungsfreundlicher. Einer Fuzzy-Waschmaschine reicht es zu »sagen«, daß man »viel Wäsche« hat und daß sie »leicht verschmutzt« ist. Die Fuzzy-Elektronik bestimmt daraus schon ein angemessenes Waschprogramm, das außerdem den Stromverbrauch minimiert. Auch die Bedienung einer Kamera wird einfacher, wenn ein Fuzzy-System aus ungefährer Helligkeit und ungefährem Objektabstand vernünftige Kenngrößen für Blende und Belichtungszeit wählt. Auch wenn es paradox klingen mag: Unscharf arbeitende Fuzzy-Chips sorgen für scharfe Videobilder.

Geistiger Vater der unscharfen Logik ist der an der kalifornischen Universität Berkeley arbeitende persische Wissenschaftler Lotfi Zadeh. Mit einer im Jahre 1965 publizierten Veröffentlichung zur Fuzzy-Logik legte er den Grundstein zu einer mathematischen Theorie, mit deren Anwendungsmöglichkeiten sich nach seinen Schätzungen heute weltweit rund 15 000 Wissenschaftler beschäftigen.

Das schlauchartige Arbeitszimmer von Zadeh scheint selbst von einer »Fuzzy-Aura« umgeben zu sein. Nur ein mannbreiter Gang schlängelt sich von der Tür zu dem auf der anderen Seite des Raumes befindlichen Schreibtisch. Der Rest des Zimmers ist mit Akten, Büchern, Zeitschriften, Prospekten und Papieren angefüllt. Darun-

Abb. 26: Verbindung zweier Technologien: Professor Lotfi Zadeh von der kalifornischen Universität Berkeley hält eine Kombination von neuronalen Netzen mit der Fuzzy-Logik für überaus sinnvoll. Das Foto zeigt Zadeh in seinem Arbeitszimmer.

ter findet sich auch vor einem Regal eine größere Packung eines japanischen Toilettenpapiers der Marke »Fuzzy«.

Zadeh ist den Japanern dankbar, daß sie Fuzzy-Systeme mit einer Fülle von technischen Anwendungen in aller Welt bekannt gemacht und damit einen Fuzzy-Forschungsboom ausgelöst haben. Auf der fernöstlichen Technologieinsel ist das Wort »fuzzy« fast schon ein Synonym für technischen Fortschritt geworden. Fuzzy-Schaltkreise steuern dort nicht nur Reiskocher, Staubsauger und Fahrstühle – sogar die U-Bahn der japanischen Stadt Sendai wird von Fuzzy-Modulen der Firma Hitachi gesteuert. Die Anfahr-, Brems- und Beschleunigungsvorgänge werden von der unscharfen Elektronik so sanft und einfühlsam gesteuert, daß sich mittlerweile viele Fahrgäste auf den Stehplätzen gar nicht mehr festhalten.

Doch vor diesem Boom hatte die Fuzzy-Logik, ähnlich wie die neuronalen Netzwerke, jahrzehntelang ein wissenschaftliches Schattendasein gefristet. »Neue, unkonventionelle Ideen haben es immer schwer, sich durchzusetzen«, kommentiert Zadeh das späte Erkennen der in der Fuzzy-Logik steckenden Möglichkeiten. Doch nicht nur in diesem Punkt gibt es eine Parallele zwischen Fuzzy-Systemen und neuronalen Netzwerken.

Zadeh berichtet, daß für ihn das Problem der Mustererkennung einer der wichtigsten Beweggründe bei der Entwicklung der Fuzzy-Theorie gewesen sei. Das richtige Interpretieren von Bildinhalten sei nur schwer in exakte Regeln zu fassen, so daß unscharf operierende Systeme besser mit einer solchen Aufgabe zurechtkommen sollten.

Doch gesteht er ein, daß neuronale Netze mit derartigen Problemstellungen gegenwärtig besser zurechtkommen als Fuzzy-Systeme. »Wenn man aber die Theorie von den neuronalen Netzen mit der Theorie von der Fuzzy-Logik kombiniert, sollte man insgesamt noch bessere Ergebnisse erzielen können, als wenn man ein Mustererkennungssystem nur auf eine der beiden Technologien stützt.«

Die unterschiedlichen Funktionsprinzipien von neuronalen Netzwerken, von Fuzzy-Systemen und konventionellen Computern kann man sehr schön am Beispiel eines auf einem Wägelchen zu balancierenden Besenstiels verdeutlichen.

Ein neuronales Netzwerk, das diese Aufgabe bewältigt, konnten bereits Ende der achtziger Jahre die Besucher der Firma Hecht-Nielsen in San Diego bestaunen. Es steuert einen Rollwagen, der sich in zwei zueinander senkrechten Richtungen bewegen kann. Eine Videokamera registriert die Lage eines auf das Wägelchen gestellten Besenstiels. Beginnt dieser zu kippen und somit von der senkrechten Richtung abzuweichen, steuert das neuronale Netz entsprechend gegen, um die senkrechte Lage wiederherstellen.

Dem neuronalen Netzwerk werden keine Verhaltensregeln vorgegeben. Es lernt selber, den Stab zu balancieren. Dazu muß während einer Trainingsphase ein Mensch sagen, ob es sich jeweils richtig oder falsch verhalten hat. Bei falschem Verhalten muß der Trainer den Besenstiel vom Boden aufheben und auf das Gefährt stellen.

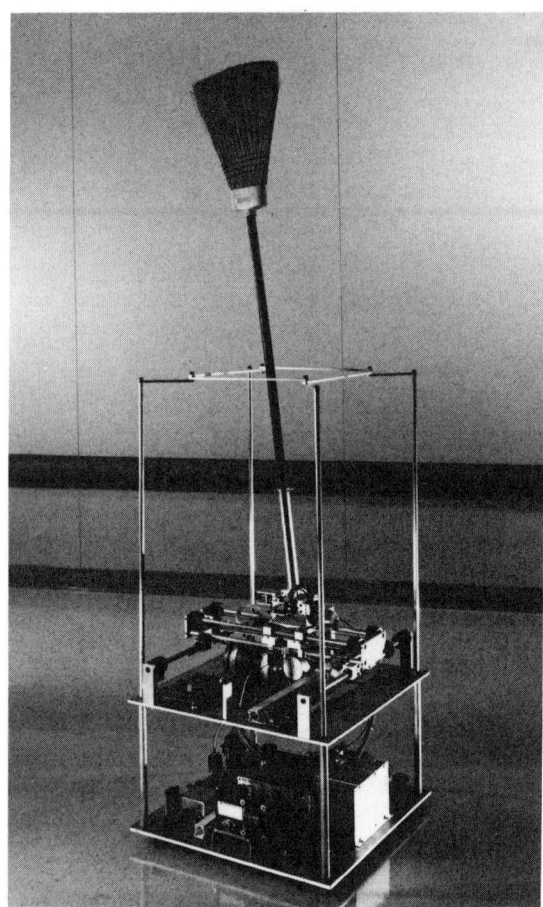

Abb. 27: Neuronaler Balanceakt: Dieses von einem neuronalen Netzwerk gesteuerte Wägelchen ist in der Lage, einen Besenstiel zu balancieren. Zuvor hat das Netzwerk das adäquate Verhalten erlernen müssen.

Ein herkömmlicher Computer wäre zwar theoretisch in der Lage, durch das Lösen exakter physikalischer Gleichungen aus dem beobachteten Fallvorgang die richtige Reaktion des Wägelchens zu berechnen. Nur: Bis er die richtige Lösung gefunden hat, liegt der Besenstiel längst auf dem Boden. Die Forscher sprechen davon, daß das System nicht »in Echtzeit« reagieren kann und damit für diese Aufgabenstellung ungeeignet ist.

Eine Fuzzy-Elektronik kann den Stab allein durch die Kenntnis vereinfachter, grobschlächtig formulierter Regeln balancieren. Die würden in dem Beispiel etwa so lauten: Mache nichts, wenn der Stab senkrecht steht. Und: Fällt der Stab langsam in eine bestimmte Richtung, dann fahre das Wägelchen ganz sanft in die gleiche Richtung. Das reicht, denn es gibt in diesem Beispiel nicht »die« richtige Reaktion: Das Balancieren gelingt, wenn die Reaktionen innerhalb einer bestimmten Toleranzbreite liegen.

Solange sich noch so einfache und nachvollziehbare Regeln zur Lösung eines Problems ableiten lassen, reicht es also, die einfachere Fuzzy-Technologie einzusetzen. Wenn aber nicht einmal mehr unscharfe Regeln formuliert werden können, vermögen die neuronalen Netzwerke ihre volle Leistungsfähigkeit zu entfalten.

Auf der anderen Seite bleiben die konventionellen Computer ideale Instrumente zur Bearbeitung von Problemstellungen, für die es eine aus festen mathematischen und logischen Regeln bestehende Lösungsstrategie gibt. Allerdings kann bei komplizierten Aufgaben eine Bearbeitung »in Echtzeit« unmöglich sein.

Fuzzy-Systeme gibt es inzwischen – ähnlich den neuronalen Netzen – sowohl als Soft- als auch als Hardware. Mit Fuzzy-Chips ausgestattete Systeme können in der Regel ihre unscharfen Entscheidungen in Echtzeit treffen und so zur Steuerung schneller Vorgänge eingesetzt werden. An der Technischen Hochschule in Aachen haben Wissenschaftler beispielsweise ein kleines Demonstrationsauto konstruiert, das von einer »Fuzzy-Elektronik« gesteuert wird.

Durch eine Kombination von neuronalen Netzen und Fuzzy-Systemen könnten die Stärken beider Technologien miteinander verbunden werden. Wenn, wie so oft, bei einer Aufgabe die Regeln zwar im Grundsatz, aber nicht vollständig bekannt sind, könnte eine Verknüpfung von neuronaler und Fuzzy-Technologie vielversprechend sein. Das neuronale Netz könnte Erfahrungen sammeln und mit diesem Wissen die Regeln verändern, mit denen ein Fuzzy-System arbeitet. Die Fuzzy-Elektronik würde sich also mit neuronaler Unterstützung neuen Situationen anpassen können.

So versuchen etwa Wissenschaftler des Johnson Space Center in Houston neuronale Netze und Fuzzy-Logik zu kombinieren, um mit

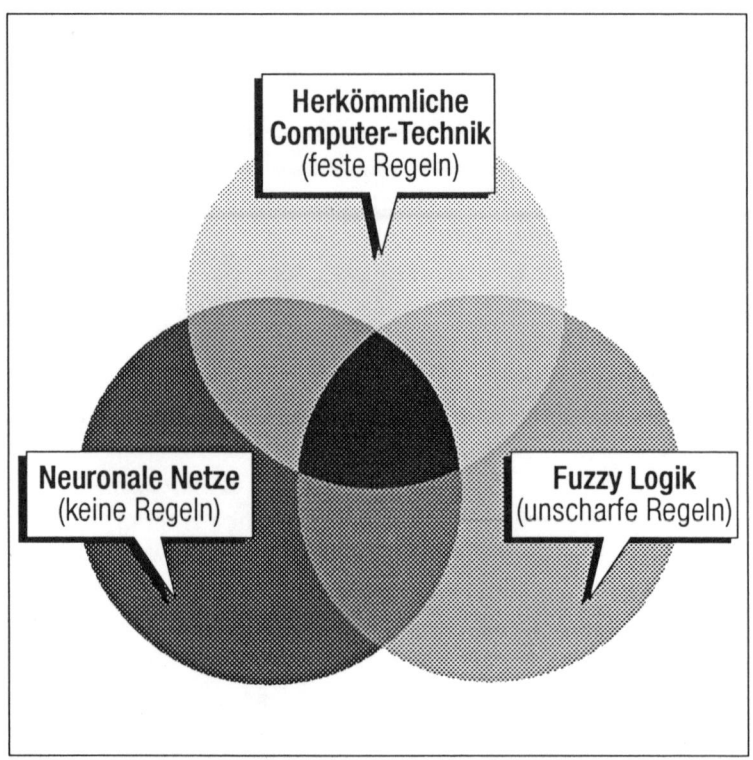

Abb. 28: Die Anwendungsbereiche herkömmlicher Computertechnik, neuronaler Netzwerke und der Fuzzy-Logik überlappen sich. Es ist damit zu rechnen, daß diese unterschiedlichen Konzepte der Datenverarbeitung künftig zunehmend miteinander kombiniert zum Einsatz kommen. So könnten die jeweiligen Stärken aller Methoden genutzt werden.

derartigen Hybrid-Systemen eine automatische Steuerung von Shuttle-Landungen zu ermöglichen.

Die Idee zur Vereinigung beider Strategien der Informationsverarbeitung ist gar nicht so neu. Zadeh kann auf die wissenschaftliche Arbeit eines seiner Schüler verweisen, die bereits im Jahre 1975 unter dem Titel *Fuzzy neural networks* erschienen ist.

In den kommenden Jahren werden wir also mit der Entwicklung verschiedener Hybrid-Systeme zu rechnen haben, bei denen neuronale Netzwerke, Fuzzy-Systeme und/oder herkömmliche Computer-Technologie miteinander verknüpft sein werden. Keinesfalls zeichnet sich jedoch eine radikale Verdrängung der heute etablierten Computerkonzepte ab. Jeder dieser drei Systemansätze hat seine spezifischen Stärken und Schwächen. Es wird immer von der konkreten Aufgabenstellung abhängen, welche Technologie oder welches Hybrid jeweils am besten zur Lösung eingesetzt werden kann.

Zurück zur Natur: Pulsierende Netzwerke

Die meisten der heute eingesetzten neuronalen Netze – seien es nun Software-Simulationen oder Hardware-Realisierungen – basieren noch immer auf dem in den vierziger Jahren aufgestellten Modell von McCulloch und Pitts, die ein Neuron im wesentlichen als simplen Schwellwert-Schalter beschrieben. Die Lernvorgänge der aus diesen McCulloch-Pitts-Neuronen gebildeten Netzwerke werden heute ganz überwiegend mit Hilfe des Backpropagation-Algorithmus durchgeführt. Eine Weiterentwicklung der existierenden Netzwerk-Modelle wird die in dieser Technologie steckenden Möglichkeiten sicherlich noch erweitern.

Doch bereits heute warnt beispielsweise der Neuroinformatiker Rolf Eckmiller von der Universität Düsseldorf davor, daß die Entwicklung neuronaler Netzwerke in eine Sackgasse führen könnte, wenn nicht wirklich neue, leistungsfähigere Konzepte eingebracht werden. Derartige Anregungen erhofft sich Eckmiller in erster Linie vom biologischen Vorbild der neuronalen Netzwerke: »Wir müssen dem Gehirn noch sehr viele Konzepte entlocken. Erst wenn wir die biologischen Neuronen-Netzwerke besser verstanden haben, dürfen wir auf einen wirklichen break-through in der Neuroinformatik hoffen.«

Um der biologischen Realität wenigstens ein Stückchen näher zu kommen, hat Eckmiller ein neuronales Netzwerk entwickelt, das seine Signale nicht wie üblich einfach in Form von verschieden großen Ausgangsspannungen oder digitalen Zahlenwerten abgibt, sondern als mehr oder weniger schnelle Abfolge von kurzen Spannungspulsen – wie bei einer echten Nervenzelle.

Ein Neuron im Ruhezustand sendet nur einige wenige Pulse pro Sekunde, ein stark erregtes Neuron kann ein Stakkato von bis zu tausend Pulsen pro Sekunde abfeuern. Dazwischen sind alle möglichen Zwischenzustände denkbar – Gehirnzellen sind keinesfalls simple Schalter, die sich nur in zwei Zuständen befinden können. Tatsächlich schicken sie in zumeist unregelmäßigen Abständen Pulse von unterschiedlicher Höhe in einer vom Erregungszustand abhängigen Taktfolge. Insgesamt laufen ständig ungezählte Pulse auf den Abermilliarden Leitungswegen zwischen den Nervenzellen – ein überaus komplexes Geschehen.

Für den Betrieb eines neuronalen Netzes, das wie ein biologisches Nervensystem mit einzelnen Pulsen arbeitet, muß das simple Neuronen-Modell von McCulloch und Pitts über Bord geworfen werden. Nun sind Neuronen gefragt, die während einer kurzen Zeitspanne alle ankommenden Pulse registrieren – also quasi deren Synchronizität (Gleichzeitigkeit) feststellen. Denn in der Regel wird das Neuron nur dann selber einen Puls aussenden, wenn in einem solchen Zeitfenster mindestens zwei Pulse bei ihm angekommen sind.

Die Stärke des ausgesandten Pulses wird schließlich davon abhängen, wie groß die Summe aller während dieser Zeitspanne registrierten Spannungspulse (unter Berücksichtigung deren Vorzeichen) gewesen ist. Wie in anderen Neuronen-Netzwerk-Modellen gibt es auch hier lernfähige Synapsen, welche die Pulshöhen der zwischen zwei Neuronen laufenden Signale mehr oder weniger abschwächen oder verstärken.

Das in Analogtechnik aufgebaute, pulsende Neuronetz mit seinen 32 Neuronen und 64 Synapsen versucht noch eine weitere Eigenschaft biologischer Nervensysteme nachzuahmen: Es berücksichtigt, daß die Signale zwischen den Neuronen verschieden lange Laufzeiten besitzen können – je nach Länge des betreffenden Nervenweges, Art der Faser und der Taktrate der Pulse. Einfache NeuronetzModelle gehen hingegen von einer quasi zeitlosen Übertragung der elektrischen Signale aus.

Die Verzögerung von Signalen gewinnt in einem mit Pulsen arbeitenden Netzwerk größte Bedeutung, weil es ja auf das gleichzeitige Eintreffen von zwei oder mehreren Pulsen an einem Neuron ankommt, wenn dieses ein Signal weiterleiten soll. Auch die Leitungswege spielen also bei der neuronalen Informationsverarbeitung eine aktive Rolle.

In Kooperation mit dem Fraunhofer Institut für Mikroelektronische Schaltungen und Systeme in Duisburg hat Eckmiller sein pulscodiert arbeitendes neuronales Netzwerk mittlerweile auch als hochintegriertes Silizium-Chip realisiert. Er glaubt, daß sich das Puls-Netzwerk gut zur Steuerung von Robotern einsetzen lassen könnte – etwa zur Kontrolle der Position von Roboterarmen. Erste Versuche in diese Richtung konnten bereits erfolgreich durchgeführt werden. Dennoch betrachtet Eckmiller diese Arbeiten derzeit in erster Linie noch als einen Beitrag zur Grundlagenforschung, von der man nicht sofort ausgereifte technische Anwendungen erwarten dürfe.

Doch durch die vergleichsweise größere Nähe zum biologischen Vorbild kann man sich einen Schritt hin zu einer Theorie der Informationsverarbeitung des Gehirns versprechen. Von der wiederum würden natürlich technische neuronale Netze profitieren.

Es sind heute eine ganze Reihe vergleichsweise simpler Funktionsmechanismen des Gehirns bekannt, die noch nicht in eine technische Analogie übertragen worden sind. Zu ihnen zählt die Eigenschaft von Nervenfaserverzweigungen, Signale in Abhängigkeit von ihrer Frequenz unterschiedlich stark auf die verschiedenen Fortsätze weiterzuleiten. Die Axone üben also auch noch die Funktion von Frequenzweichen aus.

Niemand kann heute sagen, ob die Übertragung derartiger biologischer Funktionsmechanismen in der Technik wirklich zu sinnvollen und verwertbaren Resultaten führen wird. Den Forschern steht hier aber ein großer und ständig wachsender Vorrat an Ideen zur Verfügung, denn auch heute – das sollten wir nicht vergessen – heißt forschen immer noch ein gutes Stück »ausprobieren«.

Ganz nah an das Vorbild der Natur versuchten sich die beiden Forscher Rodney Douglas von der Universität Oxford und Misha Mahowald, eine Mitarbeiterin von Carver Mead am California Institute of Technology in Pasadena, heranzutasten. Sie präsentierten 1991 einen analog arbeitenden Silizium-Chip, der auf einer quadratischen Fläche mit einer Kantenlänge von einem zehntel Millimeter das Verhalten einer einzigen Nervenzelle nachahmt. Angesichts von Chips, die mehr als tausend künstliche Neuronen bergen, scheint diese Entwicklung auf den ersten Blick nicht besonders bemerkenswert zu sein. Doch die Silizium-Nervenzelle von Douglas und Mahowald imitiert das biologische Vorbild naturgetreuer als alle anderen Neuro-Chips.

Die verschiedenen in einer Nervenzelle auftretenden Ionenströme, die elektrischen Potentiale an der Zellwand und die Spannungspulse einer feuernden Zelle werden durch die elektronische Schaltung so genau nachgeahmt, daß sich dieses künstliche Neuron bei einer Stimulation genau wie eine Nervenzelle des Neokortex verhält. Der in diesem Gehirnareal vorherrschende Zelltyp hatte beim Entwurf der Schaltung Pate gestanden.

Der nächste Schritt besteht nun darin, mehrere dieser Silizium-Neuronen zu einem neuronalen Netzwerk zu verschalten. Die Forscher gehen davon aus, daß sie auf einem ein Quadratzentimeter großen Chip eine gerade Kette aus ein- bis zweihundert derartiger Kunstneuronen herstellen können. Die restliche Fläche des Chips würden sie dann benötigen, um die synaptischen Verbindungen zwischen den Silizium-Neuronen zu realisieren.

Douglas und Mahowald weisen darauf hin, daß ein solches neuronales Netzwerk rund eine Million mal schneller arbeiten würde als sein recht gemächlich schaltendes biologisches Vorbild. Zu welchen Leistungen ein derartiges Netzwerk dann wirklich fähig sein wird, läßt sich heute noch nicht sagen.

Aus der biologisch orientierten Mathematik kommt weitere Entwicklungshilfe für die neuronalen Netze der Zukunft. Eine nicht kleine Zahl von Mathematikern versucht heute vom Vorbild der natürlichen Evolution zu lernen, um optimale Lösungen für bestimmte mathematische Probleme zu finden.

Ganz offensichtlich liegen der Evolution von Tieren und Pflanzen sehr effiziente Mechanismen – Mutation, (geschlechtliche) Vermehrung und Selektion – zugrunde, weshalb die Natur in so erstaunlich kurzer Zeit eine große Fülle außerordentlich gut angepaßter und hochspezialisierter Lebewesen hervorbringen konnte.

Durch die Simulation dieser Mechanismen im Computer gelang es den Mathematikern in den vergangenen Jahren, viele schwierige Optimierungsprobleme mit vergleichsweise wenig Rechenzeit zu lösen. Mit Hilfe dieser »genetischen Algorithmen«, wie die Forscher ihre der Evolution abgeguckten Rechenverfahren nennen, läßt sich etwa das bereits erwähnte Handlungsreisenden-Problem[1] außerordentlich effizient auch bei einer sehr großen Zahl von Städten knakken. Für Optimierungsaufgaben dieser Art sind die genetischen Algorithmen derzeit in der Tat sogar viel besser geeignet als die neuronalen Netzwerke. Sollten die neuronalen Netze da nicht etwas von der cleveren Strategie der genetischen Algorithmen lernen können?

Heinz Mühlenbein, der sich bei der Gesellschaft für Mathematik und Datenverarbeitung in Sankt Augustin sowohl mit der Entwicklung und Erforschung von genetischen Algorithmen als auch mit neuronalen Netzwerken beschäftigt, weist darauf hin, daß die leistungsfähigen Nervennetzwerke in unseren Köpfen ja auch ein optimiertes Ergebnis der Evolution seien. Die Komplexität dieses Nervennetzwerks hält er für zu groß, als daß man dessen Funktionsmechanismen wirklich durchschauen und technisch umsetzen könnte. Eine andere Strategie bei der Entwicklung neuronaler Netze könne da erfolgversprechender sein. Man müsse versuchen, neuronale Netze mit Hilfe von genetischen Algorithmen zu »züchten«.

In der Tat liegt heute das vielleicht größte Problem bei der Konstruktion von neuronalen Netzwerken in der richtigen Wahl der Struktur. Woher soll der Netzwerkarchitekt denn wissen, welche

---

[1] Fußnote: Siehe Seite 75 ff.

»Neuronen«-Anordnung er aus der schier unendlichen Zahl von Möglichkeiten wählen soll, um das leistungfähigste neuronale Netz zu erhalten? Hier könnten künftig genetische Algorithmen helfen, die nach den Gesetzen von Mutation und Selektion aus einem zunächst mehr oder wenig willkürlich vorgegebenen Netzwerk das für die jeweilige Aufgabenstellung optimale Neuro-Netz entwickeln.

Möglicherweise können genetische Algorithmen die neuronalen Netzwerke auch beim Lernen unterstützen. Der heute zumeist eingesetzte Backpropagation-Lernalgorithmus, bei dem die synaptischen Gewichte im Netzwerk, ausgehend von der Ausgabeschicht, rückwärts modifiziert werden, benötigt um so mehr Zeit, je mehr Schichten das neuronale Netzwerk enthält. Bei großen Netzwerken kann das Lernen unter Umständen unvertretbar lange dauern. Hier drohen den neuronalen Netzen ähnliche durch den Faktor Zeit gesetzte Grenzen, wie heute schon den herkömmlichen Computerprogrammen. Vielleicht liegt eine Lösung des Problems in der Anwendung »genetischer Lernalgorithmen«, welche die synaptischen Gewichte eines neuronalen Netzwerkes beim Lernen möglichst effizient, also vor allen Dingen schnell, anpassen. Bei der Verwirklichung einer solchen Lernmethode für neuronale Netze sind die Forscher allerdings bislang kaum über die reine Idee hinausgekommen.

Optische Neuro-Computer

Obwohl sich derzeit viele Forscher mit großem Eifer um die Entwicklung von Halbleiterchips mit neuronaler Architektur bemühen und immer mehr Silizium-Neuronen in einem Elektronikbaustein zu integrieren versuchen, zeichnen sich auch bei dieser Technologie bereits Grenzen ab. Selbst wenn durch eine weitere Miniaturisierung künftig noch mehr Neuronen-Elemente auf einem Chip untergebracht werden können, wird doch die Verdrahtung so vieler Silizium-Neuronen Probleme bereiten.

Aus geometrischen Gründen ist es unmöglich, deutlich mehr Silizium-Neuronen als schon heute verwirklicht auf einem Chip zu vernetzen. Auch die Verschaltung mehrerer Chips zu größeren Netzwerken ist nur begrenzt möglich und führt zu erheblichen Einschränkungen bei der Wahl der Netzwerkarchitektur.

Dieses Problem, so hoffen viele Wissenschaftler, ließe sich jedoch lösen, wenn man die Neuronen dazu bringen könnte, sich untereinander mit Hilfe von Lichtsignalen statt über elektrische Ströme zu verständigen. Lichtstrahlen haben nämlich die nützliche Eigenschaft, sich in beliebiger Zahl ungestört durchdringen zu können.

Optisch arbeitende Netzwerke können mithin neuronale Systeme mit einer sehr großen Zahl synaptischer Verbindungen ermöglichen. Insbesondere für Aufgabenstellungen, bei denen die zu verarbeitende Information in optischer Form vorliegt – etwa bei der Mustererkennung –, scheint diese Art der neuronalen Datenverarbeitung ohnehin angemessen zu sein.

Dem griechischen Forscher Demetri Psaltis, der im California Institute of Technology an der Entwicklung optischer Neuro-Netze arbeitet, gelang bereits Mitte der achtziger Jahre der Bau eines optisch arbeitenden Assoziativ-Speichers. Dieses Opto-Neuro-Netzwerk kann sich an zuvor eingeprägte Bilder erinnern.

Diese Bilder – zum Beispiel verschiedene Gesichter – werden zunächst in einem Hologramm gespeichert. Hologramme kennen wir normalerweise als verblüffend dreidimensional ausschauende Bilder, etwa als fälschungssichere Darstellungen auf Euroscheck- oder Kreditkarten. Dies sind sogenannte Weißlicht-Hologramme, die auch ohne Beleuchtung mit Laserlicht einen räumlichen Eindruck vermitteln.

Hologramme werden durch spezielle Belichtungsverfahren unter Verwendung von Laserlicht hergestellt. Ein Objekt, von dem ein sogenanntes Reflex-Hologramm hergestellt worden ist, kann später dreidimensional betrachtet werden, wenn man das Hologramm wieder mit Laserlicht bestrahlt.

Eine solche Technologie verwendet nun Psaltis, um optische Informationen zu speichern. Auf einem Hologramm werden nebeneinander die Bilder von verschiedenen Gesichtern gespeichert.

Abb. 29: Erinnerungen im Lichtstrahl: Neuronale Netzwerke lassen sich auch auf optischem Wege realisieren. Das Foto zeigt einen entsprechenden Aufbau von Professor Demetri Psaltis im California Institute of Technology (Pasadena).

Bringt man dieses Hologramm in einen kompliziert aufgebauten, in sich rückgekoppelten Strahlengang und hält dann das – gegebenenfalls modifizierte – Bild eines einzelnen Gesichtes an einer bestimmten Stelle in den Strahlengang, so »identifiziert« das in der Anordnung kreisende Licht schließlich das entsprechende Teilbild des Hologramms. Nur dieses Bild wird auf einer Bildwand sichtbar. Ohne die Mitwirkung auch nur eines einzigen elektronischen Bauelementes werden hier also »Erinnerungen« per Licht abgerufen. Eine verblüffende Leistung, doch lernfähig ist ein solches System keineswegs.

Wie kann man also Neuronen und lernfähige Synapsen mit Hilfe optisch arbeitender Bauelemente realisieren und daraus leistungsfähige Neuronetze aufbauen? Auch auf diese Frage haben die Opto-Neuro-Forscher bereits Antworten parat. Sie deuten auf eine Kombination aus Elektronik und Optik hin – eine Verbindung, die man Optoelektronik nennt.

Die Neuronen werden dabei durch elektronische Bauelemente realisiert. Sie tauschen allerdings untereinander keine elektrischen Signale aus, sondern kommunizieren per Licht. Dazu muß das Kunstneuron mit einem elektronischen Lichtsensor, einer Verarbeitungselektronik und einer steuerbaren Lichtquelle, zum Beispiel einer Leuchtdiode oder einem Halbleiterlaser, ausgestattet sein. Auf einem Chip aus Gallium-Arsenid – ein Halbleitermaterial, aus dem sich sowohl elektronische als auch optoelektronische Bauelemente herstellen lassen – könnte man dann viele solcher Opto-Neuronen nebeneinander realisieren.

Im IBM-Forschungslabor in Rüschlikon bei Zürich ist es bereits gelungen, 10 000 winzige Halbleiterlaser auf einem einzigen Wafer herzustellen. Neben vielfältigen Anwendungsmöglichkeiten in der Nachrichtentechnik könnte diese Chiptechnologie auch zum Bau von optisch arbeitenden Kunstneuronen genutzt werden.

Doch wie lassen sich die von diesen Neuronen ausgesandten Lichtstrahlen gezielt zu den »Dendriten« bestimmter Empfänger-Neuronen lenken? Die Funktion einer optischen Schaltzentrale, die die verschiedenen Lichtsignale an den jeweils richtigen Empfänger weiterleitet, kann von einem Hologramm übernommen werden.

Hier geht es jedoch nicht darum, auf dem Hologramm irgendwelche Bilder zu speichern. Vielmehr wird nun ausgenutzt, daß man auf dem Hologramm komplizierte Belichtungsmuster speichern kann, an denen einlaufende Lichtstrahlen abgelenkt werden. Das Hologramm fungiert dann gleichsam als optische Schaltzentrale, die einen aus einer bestimmten Richtung, also von einem bestimmten Neuron kommenden Lichtstrahl in eine bestimmte andere Richtung, zu einem anderen »Neuron«, weiterleitet.

Bringt man über dem Chip aus optoelektronischen Neuronen einen flachen Holographiefilm an, so ist es möglich, die von den einzelnen »Neuronen« ausgesandten Lichtstrahlen an bestimmte andere »Neuronen« weiterzuleiten. Das Hologramm beugt die Lichtstrahlen präzise in die verschiedenen Richtungen – und dies,

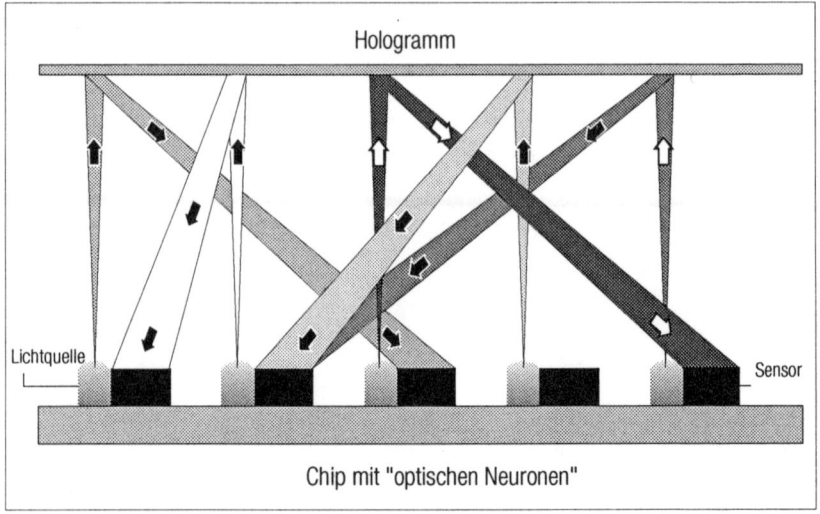

Hologramm

Lichtquelle

Sensor

Chip mit "optischen Neuronen"

Abb. 30: Bei einem optisch arbeitenden Neuro-Chip besteht jedes »Neuron« aus einer Lichtquelle (Leuchtdiode oder Laser) und einem Lichtsensor (Fototransistor). Die Lichtsignale der »Neuronen« treffen auf ein Hologramm und werden von dort zu bestimmten anderen »Neuronen« auf dem Chip weitergeleitet. Da Lichtstrahlen sich ungehindert durchdringen können, entfällt bei einem optischen Neuro-Chip das Problem der Verdrahtung einer großen Zahl von »Neuronen«. Um lernfähig zu sein, müssen sich die lichtbeugenden Strukturen des Hologramms abhängig von ihrer Nutzung verändern. Glücklicherweise gibt es Materialien mit entsprechenden Eigenschaften.

wenn es sein muß, für Zehntausende von Verbindungen gleichzeitig! Sogar die Intensitäten der Lichtstrahlen können dabei beeinflußt werden.

Nun sind die optoelektronischen Neuronen zwar miteinander via Hologramm, das die Funktion der Synapsen übernimmt, verbunden. Doch kann ein solches System lernfähig sein, das heißt, können die optischen Verbindungsleitungen modifiziert werden? Dazu wäre es offenbar notwendig, daß sich die auf dem Hologramm befindlichen Strukturen verändern lassen. Für ein auf einem Film gespeichertes Hologramm ist dies normalerweise nicht möglich. Wie bei ganz gewöhnlichen Fotos läßt sich auch der Holographie-Film nur einmal belichten. Das in ihm gespeicherte »Wissen« läßt sich nicht mehr erweitern, teilweise löschen oder modifizieren.

Seit einigen Jahren sind jedoch sogenannte thermoelektrische Folien erhältlich, auf denen Hologramme gespeichert, durch Erwärmen gelöscht und wieder neu belichtet werden können. Auch im Labor von Psaltis wird mit derartigen Folien experimentiert. Doch leider wird zum Löschen der heute verfügbaren Holographie-Folien zuviel Zeit benötigt, als daß man mit ihnen schnell arbeitende neuronale Datenverarbeitungssysteme aufbauen könnte.

Doch glücklicherweise gibt es exotische Kristalle, in denen man Hologramme blitzschnell speichern und beliebig oft überschreiben und verändern kann. Das optische Verhalten einer bestimmten Stelle des Kristalls ist davon abhängig, wieviel Lichtintensität hier über einen bestimmten Zeitraum eingetroffen ist.

Konkret heißt dies, daß der Brechungsindex des Kristalls – dessen Größe angibt, wie stark ein eintreffender Lichtstrahl gebrochen, also abgelenkt wird – von der jeweiligen Beleuchtungsstärke abhängt. Stark belichtete Bereiche des Kristalls weisen dann also einen anderen Lichtbrechungsindex auf als weniger stark belichtete Zonen. Das Hologramm wird in diesem Kristall also als Muster aus unterschiedlichen Brechungsindizes gespeichert.

Die »Lernfähigkeit des Kristalls« basiert auf der Veränderbarkeit des holographischen Musters durch die tatsächlich geschalteten Lichtwege. Verbindungen, die viel genutzt werden, schleifen sich ein. Daher lassen sich mit Hilfe photorefraktiver Kristalle die Hebbschen Lernregeln holographisch anwenden.

In nur einem Kubikzentimeter eines solchen photorefraktiven Kristalls lassen sich – so die Berechnungen der Forscher – bis zu zehn Milliarden Synapsen eines neuronalen Netzes unterbringen. Theoretisch ließen sich demnach in einem ein Kubikmeter großen Kristall so viele Synapsen realisieren, wie schätzungsweise in einem menschlichen Gehirn vorhanden sind. Noch lassen sich so große optische Neuro-Netze nicht verwirklichen. Doch nichts spricht dagegen, daß dieses Ziel eines Tages erreicht wird. Damit ist aber nicht gesagt, daß solche Systeme auch bereits die Leistungsfähigkeit eines Gehirns besitzen würden. Die große Zahl von Neuronen und Synapsen allein macht ganz sicher noch kein »denkendes System«.

Wenngleich die optischen Neuro-Netze noch im Entwicklungsstadium stecken, so interessieren sich doch auch schon Elektronikunternehmen für diese Technologie der Zukunft. So hat etwa die japanische Firma Mitsubishi einen fünf mal sechs Millimeter großen Opto-Neuro-Chip entwickelt. Dieser Gallium-Arsenid-Chip besitzt zwar bislang nur acht optoelektronische Neuronen – doch dabei wird es sicher nicht bleiben.

Zwischen der Speicherung von Daten in einem Gehirn und einem Hologramm existiert eine interessante Parallele: Zerschneidet man ein Laserlicht-Hologramm in mehrere kleine Stücke, so enthält jedes von ihnen immer noch das gesamte ursprünglich auf dem Film gespeicherte Bild – nur wird dieses, je kleiner die Bruchstücke werden, immer unschärfer. Diese verblüffende Eigenschaft besitzt offenbar auch das menschliche Gehirn: Werden Teile der für das Gedächtnis verantwortlichen Areale operativ entfernt, gehen nicht etwa bestimmte Gedächtnisinhalte vollkommen verloren. Die Erinnerungen werden nur insgesamt verwaschener. In beiden Fällen ist also die gespeicherte Information nicht an einer bestimmten Stelle gespeichert, sondern über einen großen Bereich »verschmiert«. Immer ist eine sehr große Zahl von Synapsen für die Speicherung von Daten verantwortlich – im Gehirn ebenso wie im Hologramm.

Molekulare Netzwerke

Einen anderen Weg, neuronale Netze mit einer sehr großen Zahl von Einzelelementen aufzubauen, könnte die sogenannte Molekular-Elektronik weisen. Diese junge Disziplin beschäftigt sich mit Molekülen, die aufgrund ihres speziellen Aufbaus für sich schon die Funktion eines elektronischen Bauelementes, zum Beispiel einer Diode oder eines Transistors, übernehmen können. Da liegt die Idee nicht fern, neuronale Netzwerke aus solchen molekular kleinen Schaltelementen aufzubauen.

Doch bislang ist dies tatsächlich nur eine Idee. Denn wenngleich es heute beispielsweise Rastertunnelmikroskope (RTM) erlauben, mit einer winzigen Nadel einzelne Atome und Moleküle zu handhaben und sie etwa auf einer Unterlage an bestimmte Positionen zu setzen, ist man heute insgesamt doch noch weit davon entfernt, Schaltkreise molekular-elektronisch aufbauen zu können.

Grundsätzlich sollte es mit Hilfe molekular kleiner Schaltkreise möglich sein, sehr große und komplexe Neuro-Netzwerke zu realisieren. Mit der Außenwelt könnten diese molekularen Netze möglicherweise mit Hilfe von Lichtsignalen kommunizieren, denn Kabelverbindungen zu Molekülen sind schwerlich vorstellbar. Moleküle, die nach einer elektrischen Anregung optische Signale senden beziehungsweise eingehendes Licht in elektrische Signale umwandeln können, sind jedenfalls schon bekannt.

Ein konkreter Vorschlag für ein auf Molekül-Ebene funktionierendes neuronales Netzwerk kommt von Professor Jacques Simon von der Ecole de Physique et de Chimie in Paris. Er hat zu diesem Zweck ein ganz »eigenwilliges« organisches Molekül synthetisiert, das später die Funktion eines Kunstneurons übernehmen soll. Das Molekül ist ein Halbleiter und hat die Form eines Ringes, an dem sich ein langer Schwanz befindet.

In diesem Ring kann ein positiv geladenes Natriumion eingelagert werden. Die Chemiker nennen diesen Vorgang Komplexbildung. Damit lassen sich nun zwei Zustände des »Neurons« unterscheiden: Entweder es ist ein Natriumion gebunden oder nicht. Diese beiden Möglichkeiten stehen dann für die Fälle »Neuron erregt« beziehungsweise »Neuron nicht erregt«.

Die »Schwanzenden« dieser Moleküle will Simon chemisch mit der Oberfläche eines Silizium-Chips verbinden. Wie eine Kurzhaarfrisur würden dann die winzigen Moleküle zu Milliarden und Abermilliarden auf dem Chip stehen und ihren Molekülring in die Höhe halten.

Der Chip würde aus einem feinen Netzwerk von Transistoren bestehen, die jeweils die elektrische Verbindung zu einem ganzen Büschel von Molekülen herstellen. Befinden sich an einer Stelle positive Natriumionen in den Ringen, so würde der betreffende Transistor dies bemerken. Umgekehrt kann durch Anlegen einer negativen Spannung das Andocken von Natriumionen, die in einer Lösung um die Moleküle schwimmen, gefördert oder durch eine positive Spannung gehemmt werden.

Während die Transistoren wegen ihrer Größe immer nur ein Kollektiv von »Schwanzmolekülen« gemeinsam beeinflussen und wahrnehmen können, kann zwischen diesen eine individuelle Kommunikation entstehen. Das Einfangen (oder Freisetzen) von Ionen bedeutet eine Verringerung (oder Erhöhung) der lokalen Ionenkonzentration. Dadurch wird wiederum das Verhalten der benachbarten Molekülringe beeinflußt, und Simon hofft, diese Eigenschaft seines »Iono-elektronischen Systems« als »Sprache« eines neuronalen Netzwerkes zu nutzen.

Ein anderer Vorschlag kommt von Professor Karl Goser von der Universität Dortmund. Er will in einem Kristall mit einem Volumen von einem Kubikzentimeter 10^{15} (eine Million mal eine Milliarde) Kunstneuronen realisieren. Er denkt dabei an einen sogenannten Zeolith-Kristall, ein Silikat, das sich durch ein Netzwerk molekular kleiner Hohlräume auszeichnet. Diese Hohlräume sollen dann mit einem elektrisch leitfähigen Kunststoff ausgefüllt werden. Das Resultat wäre ein Netzwerk aus feinen Leiterbahnen, die parallel und in großer Zahl entlang der verschiedenen Kristallachsen stehen würden.

Die Schnittstellen des würfelkantenförmigen Netzes aus Leiterbahnen könnten durch Strompulse gezielt durchgebrannt und in dieser Form Informationen im Kristall gespeichert werden. Dieser Vorgang kann allerdings nicht rückgängig gemacht werden: Diese Technologie würde also nur ein einmaliges Lernen des molekular kleinen Neuro-Netzes ermöglichen. Vielleicht ist es aber auch möglich, die Schnittstellen der Leiterbahnen im Kristall mit Materialien auszukleiden, deren physikalische Eigenschaften ein Beschreiben und Löschen erlauben.

Eine weitere Perspektive ist die Kombination von technischen Systemen mit echten Nervenzellen. Im Zusammenhang mit den medizinischen Anwendungsmöglichkeiten neuronaler Netzwerke wurde bereits von der Möglichkeit berichtet, Nervenzellen und elektronische Bauelemente miteinander zu verschalten. So könnte man sich vorstellen, daß ein neuronales Netz tatsächlich einmal aus biologischen Zellen aufgebaut wäre. Doch bislang ist ein solcher »Bio-Computer«, den man statt mit elektrischer Energie wohl mit einer Nährlösung versorgen müßte, eine reine Spekulation.

Zukunft oder Utopie

Wie es weitergeht

Ihre *grundsätzliche* Eignung, bestimmte Aufgaben der Datenverarbeitung zu meistern, haben die neuronalen Netzwerke in den vergangenen Jahren unter Beweis gestellt. Ein breiter Einsatz dieser Technologie ist wahrscheinlich, wenn die derzeit in vielen Forschungslabors durchgeführten Arbeiten schließlich wirklich zu marktfähigen Produkten führen. Die möglichen Perspektiven neuronaler Technologie scheinen jedenfalls zahlreiche Wissenschaftler zu motivieren und Geldgeber wohlgesonnen zu stimmen.

Gegenwärtig sind die neuronalen Netzwerke allerdings eher noch eine exotische Nischentechnologie. Manche Skeptiker meinen sogar, daß es bis heute keine Anwendung neuronaler Netze gäbe, die sich nicht mindestens genauso gut mit Hilfe konventioneller Computertechnologie bewältigen ließe. Das ist sicherlich in dieser Grundsätzlichkeit nicht wahr, doch neuronale Netze sind in der Tat konventionellen Computersystemen vielfach unterlegen.

Das sollte nicht verwundern. Zum einen stecken in dieser neuen Technologie sehr viel weniger Entwicklungsjahre als in der im Verlauf der letzten Jahrzehnte entwickelten Computertechnik; zum anderen werden neuronale Netze wegen ihres grundsätzlich anderen Funktionsprinzips ihre Stärken tatsächlich in ganz anderen Anwendungsbereichen entfalten als heutige Rechnersysteme.

Die heutigen Computer sind bestens für alle Anwendungen geeignet, die sich nach fest vorgegebenen Regeln bewältigen lassen – also beispielsweise mathematische Berechnungen oder routinemäßig durchzuführende Vorgänge in einer Verwaltung. Dort, wo dem Menschen heute Computer überlegen sind, werden sich auch die neuronalen Netze eher schwertun. Schließlich ist ja ihre Art der Datenverarbeitung der eines Gehirns nachempfunden. Andererseits dürfen wir erwarten, daß neuronale Netze gerade dort die heutigen

Rechenmaschinen weit übertreffen werden, wo auch wir Menschen Computersysteme überflügeln.

Neuronale Netze werden die Computertechnik, wie wir sie heute kennen, keinesfalls verdrängen. Vielmehr darf man erwarten, daß diese so unterschiedlichen und zueinander komplementären Methoden der Informationsverarbeitung in verschiedenen Bereichen zur Anwendung kommen werden.

Sicherlich gibt es eine Grauzone von Aufgabenstellungen, die sich sowohl von seriell arbeitenden Computern als auch von den massiv parallel arbeitenden neuronalen Netzen gut bewältigen lassen. Das maschinelle Erkennen von genormten Buchstaben ist ein Beispiel hierfür.

Neuronale Netze werden in den meisten Fällen überdies nicht isoliert, sondern nur in Verbindung mit konventioneller Computertechnik zum Einsatz kommen. Dies ist insbesondere dann der Fall, wenn neuronale Netzwerke mit Hilfe von Computersoftware simuliert werden.

Aber auch Neuro-Chips werden ihre Fähigkeiten nicht allein entfalten. Gemeinsam mit anderen elektronischen Schaltungen, mit Mikrochips und Mikroprozessoren werden sie auf Platinen mit neuronalen Leistungsmerkmalen auftauchen.

Der Symbiose von neuronaler und konventioneller Computertechnologie kommt also eine zentrale Bedeutung zu. Durch eine solche Verknüpfung können die Stärken beider Technologien vereint werden. Das Ergebnis werden informationsverarbeitende Systeme mit hoher Rechenleistung sein, die obendrein lernfähig sind, Daten assoziativ speichern können und die Fähigkeit zum Verallgemeinern besitzen.

Bereits heute werden von verschiedenen Unternehmen Computerkarten angeboten, die man sich als Zusatzplatine in seinen PC stecken kann. Bei bestimmten Aufgaben, die sich besonders gut mit Hilfe einer neuronalen Datenverarbeitungsarchitektur bewältigen lassen, können derart aufgerüstete Homecomputer die Leistungsfähigkeit eines heutigen Großrechners entfalten.

Wahrscheinlich werden schon in wenigen Jahren »neuronale Co-

Prozessoren« und »neuronale Datenspeicher« so selbstverständlich zu einem PC gehören wie heute eine Festplatte oder in Kürze ein CD-Laufwerk.

Bei der Verarbeitung optischer und akustischer Informationen und zur Steuerung von Robotern und Industrieprozessen werden neuronale Netze voraussichtlich die Möglichkeiten der konventionellen Computertechnologie sprengen. Schon heute zeichnet sich ab, daß die »neuronalen Konzepte der Natur« besser geeignet sind, die bei diesen Aufgabenstellungen riesigen anfallenden Datenmengen zielgerichtet zu verarbeiten.

Wahrscheinlich werden gegenwärtig neuronale Netze am häufigsten für Aufgaben der Prognostik verwendet. Entwicklungen in der Vergangenheit auf die Zukunft fortzuschreiben scheint mit ihrer Hilfe deutlich besser möglich zu sein als mit herkömmlichen mathematischen Methoden.

Mancher Neuro-Netz-Forscher beklagt sich darüber, daß in verschiedenen Medien die Ergebnisse seiner Forschungsarbeiten mystifiziert und zu große Erwartungen an die Möglichkeiten der neuronalen Technologie erzeugt worden wären. Schließlich möchte kein Wissenschaftler in einigen Jahren hämisch gefragt werden, was denn aus den in Aussicht gestellten Anwendungsmöglichkeiten geworden ist.

In der Tat ist es wichtig, zwischen dem heute Möglichen und dem vielleicht in Zukunft Erreichbaren zu unterscheiden. Doch das große Interesse an der Neuroinformatik und der gegenwärtige Forschungsboom lassen sich nur verstehen, wenn man die Perspektiven der neuronalen Technologie im Hinterkopf hat. Ihre Motivation beziehen die Neuroinformatiker sicherlich nicht ausschließlich aus den bislang mit neuronalen Netzwerken erschlossenen Anwendungen.

Zumindest einige Wissenschaftler sagen frei heraus, daß sie den Bau von denkenden Maschinen irgendwann in der Zukunft für möglich halten. Doch vermutlich verbietet die wissenschaftliche Seriosität nicht wenigen anderen Forschern, die Faszination einzugestehen, die für sie von der potentiellen Möglichkeit des »Nachbaus« eines Gehirns ausgeht.

Aber es bedarf wohl schon der Sonne Kaliforniens, bevor ein deutscher Neuro-Forscher – wie geschehen – vor einer laufenden Fernsehkamera dem staunenden Publikum vor den heimischen Bildschirmen mitteilt: »Was wir hier machen, ist Gott spielen.«

Eine Welt mit denkenden Maschinen?

Wer kennt sie nicht, die in unzähligen Science-fiction-Romanen und -Filmen strapazierte Vision von denkenden Maschinen und Robotern, die je nach Drehbuch als wohlgesonnene Partner oder unerbittliche Gegner des Menschen auftreten. Doch solche Vorstellungen spuken heute nicht nur in den Köpfen phantasiereicher Hollywood-Regisseure herum.

Auch namhafte Wissenschaftler, wie etwa der Direktor des Mobile Robot Laboratory der Carnegie Mellow University in Pittsburgh, Hans Moravec, entwickeln ganz ähnliche Vorstellungen. Er geht davon aus, daß uns in einer »postbiologischen Ära« die Machtübernahme durch hyperintelligente Roboter droht, die dem menschlichen Verstand weit überlegen sind.

Nicht ganz so pessimistisch sieht der Computer-Forscher Marvin Minsky unsere Zukunft angesichts der Entwicklung intelligenter Systeme. Er schreckt zwar auch nicht davor zurück, uns die Realisierung eines »Desktop-Gehirns« bereits innerhalb der nächsten Jahrzehnte zu »versprechen«, doch eine Gefahr für die Menschen erkennt er dabei nicht. Schließlich könne man ja diese »künstlichen Tiere«, wie er sie nennt, immer noch rechtzeitig »töten«, wenn sie sich zu einer Gefahr entwickeln sollten.

Nun sind die für ihre extremen und oft provozierenden Ansichten bekannten Forscher Moravec und Minsky nicht unbedingt für die Gemeinde der Computer- und Neuro-Netz-Forscher repräsentativ, doch selbst der keinesfalls pathetisch, sondern eher nüchtern argumentierende Physik-Nobelpreisträger Leon Cooper ist überzeugt: »Ja, es wird denkende Maschinen geben, und sie werden in der Lage sein, sich mit uns zu unterhalten. Warum sollten wir uns davor fürchten, daß Maschinen fähig werden zu denken? Wir haben doch auch Maschinen akzeptiert, die stärker oder schneller sind als wir selber. Wir werden ganz selbstverständlich mit denkenden Maschinen umgehen, ja auch mit Maschinen, die schneller und besser denken können als wir selber. In hundert Jahren wird man sich dann gar nicht mehr vorstellen können, wie die Menschen in früheren Zeiten überhaupt ohne solche Maschinen ausgekommen sind.«

Niemand kann heute mit Sicherheit voraussagen, ob und wann sich denkende Maschinen tatsächlich realisieren lassen. Ja, es ist nicht einmal wissenschaftlich faßbar, wann eigentlich einer Maschine das Prädikat »Denkmaschine« verliehen werden muß. Der Bochumer Neuroinformatiker Werner von Seelen stellt fest: »Wir wissen noch überhaupt nicht, an welcher Stelle der qualitative Sprung zu einem denkenden System auftreten wird.«

Die nicht bewiesene, aber immer plausibler erscheinende Möglichkeit, dereinst gehirnähnliche Maschinen zu konstruieren, trifft in das Zentrum der Frage nach dem menschlichen Selbstverständnis. Hatte man sich noch damit abfinden können, daß die Erde nicht das Zentrum des Universums, der Mensch »nur« das vorläufige Endprodukt einer langen Evolution und überdies ein Getriebener seines Unbewußten ist, so zielt jetzt die Frage nach der Funktion und Kopierbarkeit des Gehirns aufs Ganze.

Werden wir die Antwort, wenn wir sie denn erhalten, auch verkraften? Werden wir die menschliche Natur bis ins Letzte durchschauen, oder handelt es sich hier nur einmal mehr um das aussichtslose und anmaßende Greifen nach dem Apfel am Baum der Erkenntnis?

Ein wachsendes Detailwissen über die Funktionsmechanismen des Gehirns wird ohne Zweifel das menschliche Selbstverständnis beeinflussen. Eine an den Erkenntnissen der modernen Hirnforschung orientierte Philosophie wird ein ganz neues Bild vom Menschen zeichnen. Ist die Furcht begründet, der Mensch könnte als »raffiniert funktionierende Maschine« enttarnt werden?

Wieviel wollen wir eigentlich über unser Gehirn wissen? Bis zu welcher Grenze kann die Enträtselung des Gehirns sinnvoll sein, und wann wäre es besser, keine weiteren Erkenntnisse zu sammeln (etwa um schreckliche Manipulationsmöglichkeiten auszuschließen)? Es ist nicht zu früh, diese Fragen zu diskutieren – auch wenn sie derzeit noch weit in die Zukunft zielen. Die Betrachtung des Grundsätzlichen kann jedoch den Blick für die aktuellen Fragen verstellen. Schon lange bevor wir möglicherweise mit denkenden Maschinen konfrontiert werden, dürfte ein breiter Einsatz neuronaler Technologie das Gesicht der Industriegesellschaft verändern – vielleicht ähnlich stark, wie dies seinerzeit bereits durch die Einführung von Computern geschehen ist.

Immer mehr Tätigkeiten, die früher von Menschen verrichtet worden sind, werden sich künftig mit Hilfe von Maschinen ausführen lassen. Wurden dem Menschen im Verlauf der Industrialisierung von Maschinen zunächst schwere körperliche Tätigkeiten abgenommen, so verrichten Computersysteme heute bereits Büroarbeiten und verwaltende Tätigkeiten.

Lernfähige neuronale Netze werden voraussichtlich viele weitere Tätigkeitsfelder erobern: von der automatischen Telefonauskunft bis hin zu führerlosen Verkehrssystemen. Viele Fragen drängen sich auf: An welchen Arbeitsplätzen kann überhaupt ein Mensch grundsätzlich nicht von einer Maschine ersetzt werden? Ist es sinnvoll, überall dort, wo es technisch machbar ist, den Menschen zu substituieren? Nach welchen Kriterien wird Art und Umfang der Anwendung intelligenter Technologie erfolgen?

Der wachsende Einsatz von immer »intelligenteren« Maschinen wird nicht nur in vielen Branchen einen weiteren Wandel der Anforderungsprofile verursachen, auch die Lebens- und Denkgewohnheiten der Menschen werden sich zwangsläufig ändern. Wie wird eine Gesellschaft aussehen, in der komplexe Maschinen Informationen in einem intellektuell nicht mehr nachvollziehbaren Umfang verarbeiten und zumindest alle Routinearbeiten übernehmen? Bedeutet diese Perspektive für uns Menschen Segen oder Fluch?

Auch für neuronale Netze gilt ganz sicher der vielzitierte Satz von der »Ambivalenz des technischen Fortschritts«. Zu deutsch: Alles hat seine guten und seine schlechten Seiten. Frei nach dem Sprichwort »wo viel Licht ist, ist auch viel Schatten« könnte man folgern: In den neuen Technologien der Informationsverarbeitung stecken gewiß viele Chancen, die sich zum Wohle der Menschheit nutzen lassen. Nach Risiken gilt es jedoch wachsam Ausschau zu halten.

In einem im April 1991 vom Bundesforschungsministerium veröffentlichten Bericht einer Expertenkommission zur Neurobiologie/ Neuroinformatik heißt es: »So wie das Fernsehen den Menschen zum passiven Erlebniskonsumenten zu reduzieren und seine Vorstellung von der Welt zu bestimmen vermag, wird der Computer – oder das in ihm gespeicherte Wissen – in zunehmendem Maß zum persönlichen und öffentlichen Berater, der Denken, persönliche, ökonomische, administrative und politische Entscheidungen (mit)bestimmt.«

Dieses Zitat läßt ein Risikopotential erkennbar werden. Elektronische Datenverarbeitungssysteme könnten zunehmend einen Einfluß auf administrative und politische Entscheidungen gewinnen, weil sie notwendiges Herrschaftswissen in einer Konzentration bereitstellen könnten, wie dies kein menschlicher Kopf vermag. Doch diese Maschinen, jenseits jeder Subjektivität, Moral oder humanistischer Werte, wären anfällig für jede Form der Manipulation und des Mißbrauchs.

Allein von der zunehmenden Konzentration von Expertenwissen in gewaltigen assoziativen Datenspeichern, gepaart mit der Möglichkeit zur intelligenten Verarbeitung, könnte eine Gefahr für demokratische Staatsgebilde ausgehen. Für sie ist die Existenz dezentraler und verteilter Kompetenz eine wichtige Voraussetzung. Zumindest aber dürften »intelligente Maschinen« ideale Helfershelfer für Diktatoren jeder Couleur sein. Sie könnten als absolut zuverlässige »Gefolgsleute« diktatorische Systeme stabilisieren und einen Staat in ein computergesteuertes Uhrwerk verwandeln.

Der Philosoph Hans Jonas warnt: »Wenn der Einsatz von Computersystemen dazu führen sollte, daß die große Bedeutung des einzelnen Individuums zugunsten einer möglichst reibungslos arbeitenden Maschinerie untergraben würde, wäre das schlimm: Der Verlust des Respekts vor der Subjektivität wäre eine große Gefahr für die Menschheit.«

Abb. 31: Warnt vor Gefahren im Umgang mit modernen Technologien: der Philosoph Hans Jonas im Garten vor seinem Haus bei New York.

Doch wird die Entwicklung von Maschinen, die immer mehr Funktionen uns Menschen vergleichbar oder gar besser ausführen können, nicht zwangsläufig zu einer generellen Profanisierung und Entmystifizierung des Menschen führen? Werden wir Menschen nicht in dem Maß, in dem die Maschinen menschenähnlicher werden, maschinenähnlicher?

Das Wort »maschinenähnlich« bekommt einen besonderen Klang, wenn man an die von manchen Wissenschaftlern für möglich gehaltene Verknüpfung von biologischen und technischen Datenverarbeitungssystemen denkt. Ganz sicher ist nichts gegen das redliche Ziel einzuwenden, mit einer solchen Technologie Querschnittsgelähmten oder Parkinson-Kranken helfen zu wollen. Doch lassen sich heute die Risiken überhaupt schon erahnen, die sich aus der Verfügbarkeit einer derartigen Technologie ergeben könnten? Mit ein wenig Phantasie kann man sich hier die schrecklichsten Horrorszenarios ausdenken – von der perfekt durchgeführten »Gehirnwäsche« bis hin zum Einbau erwünschter Charaktereigenschaften per Neuro-Chip. Noch sind wir von solchen Entwicklungen weit entfernt, und von einer unmittelbaren Gefahr darf man sicher nicht sprechen – doch wie lange noch?

Der Computerwissenschaftler Professor Joseph Weizenbaum vom Massachusetts Institute of Technology hat sich als Kritiker der modernen Computertechnologie und deren gesellschaftlichen Auswirkungen einen Namen gemacht. Nach seiner Ansicht geht weniger eine Gefahr von den tatsächlich noch recht bescheidenen Fähigkeiten der modernen Datenverarbeitungstechnologien, wie etwa den neuronalen Netzwerken, aus.

Abb. 32: Intelligente Maschinen und Realitätsverlust: Der Computer-Kritiker Joseph Weizenbaum fürchtet, daß durch die von Datenmaschinen erzeugten »virtuellen Realitäten« den Menschen zunehmend der Blick für die Wirklichkeit verstellt wird.

Das Gefährliche sei, so Weizenbaum, eher der unkritische Glaube, mit Hilfe der neuen Technologien würden sich die wachsenden Probleme der Menschheit schon bewältigen lassen. Durch ein blindes Vertrauen in die vermeintliche Leistungsfähigkeit »intelligenter« Systeme könnte versäumt werden, tatsächlich notwendige Korrekturen rechtzeitig vorzunehmen. Der Blick für die Realität würde zu leicht von den »virtuellen Realitäten«, wie sie von den intelligenten Datenmaschinen erzeugt werden, verstellt.

Andererseits hoffen viele Wissenschaftler, mit den neuronalen Netzen ein Instrumentarium an die Hand zu bekommen, mit dem sich künftige Entwicklungen und damit mögliche Risiken – etwa im Bereich Klima und Umwelt – früher und genauer als bisher erkennen lassen.

Auch Hans Jonas sieht in der Möglichkeit, drohende Umweltgefahren vorherzusagen, eine wichtige Hilfestellung, die uns »intelligente« Datenverarbeitungssysteme gewähren könnten. Die Frage nach einer denkenden oder gar mit Bewußtsein ausgestatteten Maschine stellt sich für ihn indes nicht. Diese Fähigkeiten seien, so Jonas, grundsätzlich nicht auf Maschinen übertragbar.

Gleichwohl glauben bereits einige Wissenschaftler erste experimentelle Hinweise darauf zu besitzen, wie das »Bewußtsein« in unseren Köpfen zustande kommt. Im Jahre 1986 hatte der Hirnforscher Wolf Singer vom Max-Planck-Institut für Hirnforschung in Frankfurt/Main bei Untersuchungen an Katzenhirnen festgestellt, daß auch weit voneinander entfernt liegende Nervenzellen im Gleichtakt von zirka vierzig Pulsen in der Sekunde Signale senden, wenn sie an der bewußten Wahrnehmung des gleichen Objektes beteiligt sind. Eine entsprechende Hypothese hatte der Neuroforscher Christoph von der Malsburg bereits 1981 aufgestellt.

Der amerikanische Medizin-Nobelpreisträger Francis Crick (Mitentdecker der DNA-Doppelhelix) hat die Hypothese aufgestellt, daß ein »in das Bewußtsein Treten« grundsätzlich durch die Synchronisation bestimmter Nervenzellen erfolgt. Aus dem Durcheinander von Pulsen, die die Milliarden Hirnzellen ständig senden, wäre also der momentane Bewußtseinsinhalt durch diejenigen Gehirnzellen

Abb. 33: Spitzenforschung hinter interessanter Fassade: Die Neuro-Wissenschaften besitzen am Salk Institute für biologische Studien (San Diego) einen hohen Stellenwert. Unter anderem arbeiten hier der Nobelpreisträger Francis Crick sowie Terrence Sejnowski.

repräsentiert, die im Gleichtakt mit rund vierzig Hertz schlagen. Christof Koch, der gemeinsam mit Crick an diesen Fragen arbeitet, vergleicht diesen Effekt gern mit dem Flackern von elektrischen Kerzen an einem Weihnachtsbaum: Zwar sind dann alle Lichter (Nervenzellen) aktiv und blinken mit unterschiedlichen Frequenzen; Kerzen, die immer gleichzeitig an- und ausgehen, fallen uns sofort als miteinander korreliert auf.

Natürlich ist damit das Geheimnis unseres Bewußtseins oder gar Selbstbewußtseins noch lange nicht gelüftet. Doch die skizzierten Forschungsarbeiten zeigen, daß auch diese Fragen kein Tabuthema mehr sind. Wer weiß, zu welchen Einsichten die Hirnforscher hier noch in den nächsten Jahren und Jahrzehnten gelangen werden. Und wer sagt, daß sich diese Erkenntnisse nicht ebenfalls in den Bauplan künftiger Neuro-Chips integrieren lassen?

Biologische Hirne als Vorbild oder Konzeptquelle für intelligente Maschinen der Informationsverarbeitung zu verwenden, bedeutet natürlich auch, Tierexperimente durchzuführen. Dabei geht es nicht nur um die Nervensysteme von Heuschrecken oder Neunaugen. Auch Katzen und Affen sind da beliebte Studienobjekte. Nun ist es zwar so, daß Gehirne selber nicht schmerzempfindlich sind und das Einbringen von Elektroden in ein lebendes Gehirn nach Stand der Kenntnis den betreffenden Tieren keine Pein bereitet. Dennoch ist natürlich auch in diesem Zusammenhang eine verantwortliche Diskussion nötig.

Dieses Schlußkapitel hat ganz sicher mehr Fragen aufgeworfen als beantwortet. Einfache Antworten kann es in diesem Zusammenhang auch gar nicht geben – dafür ist die Thematik viel zu komplex und vielschichtig. Doch vielleicht kann dieses Buch dazu beitragen, die Aufmerksamkeit für eine Technologie zu schärfen, die zwar heute noch nicht hält, was manch ein Wissenschaftler in Aussicht stellt, doch die uns dereinst mit Anwendungen konfrontieren könnte, von denen man heute kaum zu träumen wagt.

Anhang

Neuro-Netz-Forschung in Deutschland

Von den weltweit rund zehntausend Wissenschaftlern, die sich mit neuronalen Netzwerken beschäftigen, arbeiten etwa 4500 in den USA, 3500 in Japan und 2000 in Europa. In der International Neural Network Society (INNS) haben sich diese Forscher zusammengeschlossen, um sich auf Fachtagungen gegenseitig über den Stand ihrer Forschungsarbeiten zu informieren. Darüber hinaus werden seit einigen Jahren eine ganze Reihe neuer Neuro-Netz-Fachzeitschriften herausgegeben, in denen die Wissenschaftler ihre neuesten Forschungsergebnisse dokumentieren können.

In Europa fördert die EG im Rahmen ihrer Forschungsprogramme ESPRIT, BRAIN und JESSI die Erforschung neuronaler Netze mit Finanzmitteln von jährlich etwa 25 Millionen Mark. Daneben gibt es in Deutschland als einzigem europäischen Land zusätzlich noch eine Förderung der Neuroinformatik auf nationaler Ebene. Das Bundesforschungsministerium hat im Jahre 1988 einen Forschungsverbund »Informationsverarbeitung in neuronaler Architektur (INA)« ins Leben gerufen, in dem die Aktivitäten von dreizehn deutschen Arbeitsgruppen aus Hochschulen und Industrie gebündelt wurden. Auch die Einrichtung von fünf neuen Professorenstellen für das Fach Neuroinformatik an deutschen Universitäten unterstreicht das Interesse, das dieser jungen Disziplin hierzulande entgegengebracht wird. Insbesondere das Land Nordrhein-Westfalen hat es verstanden, Weichen zu stellen: Fast alle deutschen Neuroinformatik-Professoren arbeiten in diesem Bundesland (Düsseldorf, Bochum, Dortmund, Paderborn). Außerdem gelang es den Forschungsplanern im Düsseldorfer Wissenschaftsministerium, den renommierten Neuro-Netz-Forscher Christoph von der Malsburg von der University of Southern California wieder in die Bundesrepublik zurückzuholen.

In keiner anderen Region der Welt, so betont Rolf Eckmiller von der Universität Düsseldorf, würde eine so große Dichte an Neuro-Netz-Know-how existieren wie im Ballungsraum Rhein-Ruhr. In Anlehnung an das legendäre Silicon Valley in Kalifornien, dem Zentrum der bisherigen Computer-Revolution, spricht hier mancher Forscher – halb witzelnd, halb ernst gemeint – vom nordrhein-westfälischen »Neuro-Valley«. Doch was nutzt aller Forschungserfolg, wenn die Übertragung des Know-hows in Produkte und die Gründung innovativer Neuro-Firmen nur schleppend oder gar nicht vorankommt? Während die Erforschung neuronaler Netze in Deutschland eher grundlagenorientiert ist und sich im wesentlichen an Universitäten abspielt, gibt es in den USA und vor allem auch Japan erhebliche Forschungsanstrengungen seitens der Industrie. Da scheint die Sorge nicht unberechtigt, daß vielleicht wieder einmal der Anschluß an eine neue und vielversprechende Technologie verpaßt und in einigen Jahren der europäische Elektronik-Markt von im Ausland produzierten Produkten mit neuronalem Innenleben überschwemmt wird.

Im Gegensatz zu den USA, wo die Rahmenbedingungen und eine immer noch weitverbreitete Gründermentalität zum Entstehen vieler kleinerer Neuro-Tech-Firmen geführt hat, scheint dies in Deutschland eher schwierig zu sein. Welcher junge Neuro-Netz-Forscher, der während seiner Diplom- und Doktorarbeit zum Experten für neuronale Netze geworden ist, würde das hohe Risiko einer Firmengründung wagen und versuchen, auf der Basis seines Wissens kommerziell verwertbare Produkte zu entwickeln? Wer würde ihm das für ein solches Projekt notwendige Venture-Kapital geben? Und von einem Professor, ausgestattet mit einem ihn jeden beruflichen Risikos enthebenden Beamtenstatus, dürfen wir in der Regel wohl noch viel weniger erwarten, daß er diese Sicherheit aufgibt und sich den Risiken des Marktes stellt.

Bereits heute sind die bei Anwendungen in deutschen Unternehmen eingesetzten neuronalen Netze zum größten Teil amerikanischen Ursprungs – neuronale Soft- und Hardware wird entweder direkt in den USA geordert oder über europäische Filialen amerikanischer Neuro-Unternehmen oder Vertriebsgesellschaften in Europa ausgeliefert. Die Japaner dürften hingegen – so sagt uns die Erfahrung – voraussichtlich in dem Moment große Aktivitäten entfalten, in dem die Neuro-Technik für einen Massenmarkt reif sein wird. Waschmaschinen mit Spracheingabe oder Videokameras mit neuronal verschalteten Bildsensoren made in Japan? So weltfremd klingt das wohl nicht.

Das Fehlen ausgeprägter industrieller Aktivitäten im Bereich der Neuro-Netz-Technik wirft hierzulande nicht nur volkswirtschaftliche Fragen auf – sie dürfte über kurz oder lang auch wieder auf die Neuro-Netz-Forschung an den Universitäten zurückwirken. Wo sollen denn die in den entsprechenden Hochschulgruppen ausgebildeten Wissenschaftler nach Abschluß ihrer Ausbildung einen adäquaten Arbeitsplatz finden? Da fällt einem vielleicht der Name eines großen deutschen Elektronikkonzerns in München ein, in dem gut ein Dutzend Forscher mit der Entwicklung neuronaler Technologien befaßt ist.

Dennoch können sich die Neuroinformatiker in Deutschland derzeit nicht über ein mangelndes Interesse des wissenschaftlichen Nachwuchses beklagen. Von neuronalen Netzen sind heute Studenten verschiedenster Fakultäten fasziniert, und viele von ihnen möchten sich gerne an dieser Forschungsarbeit beteiligen. Die Perspektive, Funktionsmechanismen des Gehirns immer besser zu verstehen und letztendlich Maschinen nach dem Vorbild des Gehirns zu bauen, scheint außerordentlich zu beflügeln.

Die Vielschichtigkeit der Thematik erfordert dabei eine bislang nicht gekannte interdisziplinäre Zusammenarbeit. Die Neuro-Netz-Forschung ist zu einem gemeinsamen Gegenstand von Hirnforschern, Psychologen, Physikern, Mathematikern und Ingenieuren geworden. Doch können sie sich fachlich wirklich untereinander verstehen; reden sie immer von den gleichen Dingen, wo sie doch in so unterschiedlichen wissenschaftlichen Traditionen ausgebildet worden sind?

Natürlich wäre es günstig, wenn ein Neuro-Netz-Wissenschaftler als Student frühzeitig die Sicht- und Arbeitsweise der verschiedenen

an diesem interdisziplinären Forschungsgebiet beteiligten Diszipli-
nen kennenlernen würde. Genau dies ist das Ziel eines neuen Pro-
motionsstudiengangs »Organisation und Dynamik neuronaler Netzwerke«, der im Oktober 1991 an der Universität Göttingen einge-
richtet worden ist. Dieses von der Deutschen Forschungsgemein-
schaft (DFG) finanzierte Graduiertenkolleg bietet Kandidaten aus
den Fachbereichen Physik, Biologie und Medizin Vorlesungen,
Seminare, Kolloquien, Sommerakademien und Forschungsaufent-
halte in Gastlaboratorien. Jede in diesem Rahmen durchgeführte
Doktorarbeit wird von zwei Professoren aus verschiedenen Fachbereichen betreut. Die Heimatdisziplinen der an dem Projekt beteiligten Professoren sind Physik, Zoologie, Physiologie, Anatomie und
biophysikalische Chemie.

Aufbauend auf den Forschungsresultaten, die im Rahmen des
Grundlagenforschungsprogramms »INA« in den Jahren 1988 bis
1990 erzielt werden konnten, hat das Bundesforschungsministerium
eine zweite Phase der deutschen Neuro-Netzwerk-Forschung eingeläutet. In den Jahren 1991 bis 1995 sollen die an den Fragen der
neuronalen Informationsverarbeitung arbeitenden Wissenschaftler
jährlich etwa zehn bis fünfzehn Millionen Mark erhalten. Zum Vergleich: In den Jahren 1988 bis 1990 waren für das INA-Programm
insgesamt nur 11,5 Millionen Mark aufgewendet worden.

Das heißt aber nicht, daß die einzelnen Arbeitsgruppen über
entsprechend mehr Finanzmittel verfügen können, denn mit der
Steigerung des Fördervolumens wurde gleichzeitig auch die Zahl der
an dem Forschungsprogramm beteiligten Arbeitsgruppen deutlich
erhöht: von dreizehn auf nunmehr 40, wobei vier von ihnen aus den
neuen Bundesländern sind. Bemerkenswert ist hier, daß der Anteil
der Industrieforschung deutlich gesteigert werden konnte. Unter
den dreizehn zuvor geförderten Arbeitsgruppen entstammte nur
eine einem (mittelständischen) Unternehmen. Nun sind es immerhin
neun Firmen, die am neuronalen Förderkuchen teilhaben.

Die vom Bundesforschungsministerium ab 1991 geförderten Neuro-
informatik-Verbundvorhaben und die daran beteiligten Institute
beziehungsweise Firmen:

BITEX: *Bilderkennung*
Fraunhofer Institut Stuttgart
Forschungsinstitut Daimler Benz
Universität Stuttgart

LADY: *Lernfähige autonome Fahrzeuge in fehlerintoleranter Umgebung*
Brainware GmbH, Berlin
Universität Leipzig
Institut für Automatisierung, Berlin

NAMOS: *Neuronale Architektur für selbstorganisierende mobile Systeme*
Universität Bochum
Universität Hamburg
TH Ilmenau

NERES: *Neuronale Steuerung von Industrierobotern*
Siemens, München
DLR, Ottobrunn
TU München
Universität Dortmund

REFLEX: *Simulation eines Hand-Auge-Systems*
GMD, Sankt Augustin
Institut für Informatik und Rechentechnik, Berlin
Parsytec Chemnitz GmbH, Chemnitz
TU Chemnitz

SALGON: *Strukturierung von neuronalen Netzen*
TU Berlin
Institut für Informatik und Rechentechnik, Berlin
Expert Informatik GmbH, Berlin
Universität Bielefeld

SEKON: *Koordination von Roboterbewegungen mit neuronalen Netzen*
Universität Bielefeld
Gesamthochschule Kassel
TU München

SENROB: *Neuronale Netze für einen handlungsplanenden Roboter*
Universität Düsseldorf
Fraunhofer-Institut, Duisburg
Universität Dortmund
Universität Paderborn
Pietzsch GmbH, Ettlingen

SIOB: *Neuronale Komponenten für die Inspektion von Objekten*
Fraunhofer-Institut, Karlsruhe
TH Darmstadt
Danet GmbH, Darmstadt

SPINA: *Sprachverstehen mit Hilfe neuronaler Netze*
Universität Göttingen
Universität Bochum
TU München
Kratzer GmbH, Unterschleißheim

WINA: *Wissensverarbeitung durch eine Kombination von neuronalen Netzen und KI-Systemen*
Universität Düsseldorf/Ulm
Universität Dortmund
Spectrum GmbH

LITERATUR:

Wer sich nach der Lektüre dieses Buches mit neuronalen Netzen intensiver beschäftigen möchte und vor teilweise recht komplizierten mathematischen Formeln nicht zurückschreckt, dem seien die folgenden Bücher genannt:

»Neuronale Netzwerke« von Eberhard Schöneburg, Nikolaus Hansen und Andreas Gawelczyk, Verlag Markt & Technik (dem Buch liegt eine Diskette bei zur Simulation von neuronalen Netzwerken auf einem Computer)

»Neuronale Netze« von Helge Ritter, Thomas Martinetz und Klaus Schulten, Verlag Addison-Wesley

»Neuronale Netze« von Klaus Peter Kratzer, Verlag Hanser

»Neural Networks« von Berndt Müller und Joachim Reinhardt, Verlag Springer, Heidelberg (in englischer Sprache)

Abbildungsnachweis

Abb. 1: Philips, Hamburg. Abb. 2, 13: Reuter, Bonn. Abb. 3, 6, 7, 9, 10, 15, 18, 22, 25, 28, 30: sia, Düsseldorf. Abb. 4: Leider ist es uns trotz intensivster Bemühungen nicht gelungen, den Inhaber der Rechte an dieser Abbildung ausfindig zu machen. Berechtigte Honoraransprüche werden selbstverständlich abgegolten. Abb. 5: The MIT Museum, Massachusetts. Abb. 8, 11, 12, 14, 19, 20, 21, 26, 29, 31, 32, 33: Norbert Lossau, Axel Springer Verlag, Bonn. Abb. 16: Caltech, Pasadena. Abb. 17: MPG-Pressebild, München. Abb. 23: Universität Trondheim. Abb. 24: J. H. Darchinger IFJ, Bonn. Abb. 27: HNC, San Diego.

Register